MEN's

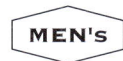

M·L·XL 사이즈로 뜨는

매일 입고 싶은 남자 니트

일본보그사 지음 | **강수현** 옮김

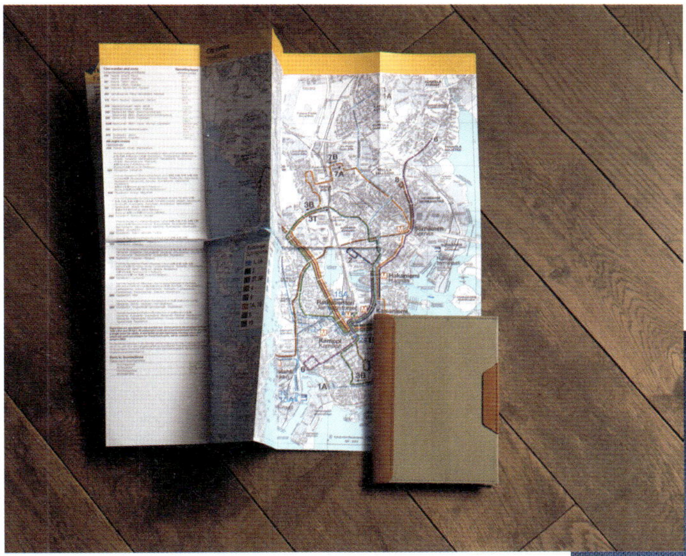

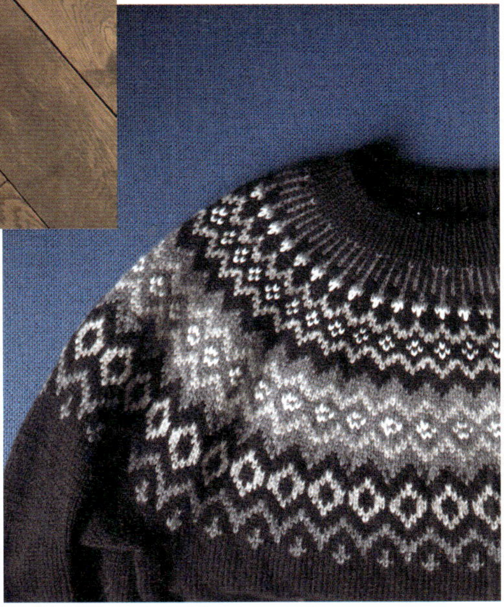

한스미디어

CONTENTS

| NO. 1 | 아란 스웨터 | PAGE. 04 |
| HOW TO MAKE | PAGE. 34 |

| NO. 2 | 카디건 | PAGE. 06 |
| HOW TO MAKE | PAGE. 36 |

| NO. 3 | 래글런 스웨터 | PAGE. 08 |
| HOW TO MAKE | PAGE. 42 |

| NO. 4 | 심플 비니 | PAGE. 09 |
| HOW TO MAKE | PAGE. 41 |

| NO. 5 | V 넥 베스트 | PAGE. 10 |
| HOW TO MAKE | PAGE. 46 |

| NO. 6 | 심플 스누드 | PAGE. 11 |
| HOW TO MAKE | PAGE. 48 |

| NO. 7 | 둥근 요크 스웨터 | PAGE. 12 |
| HOW TO MAKE | PAGE. 52 |

| NO. 8 | 심플 베스트 | PAGE. 14 |
| HOW TO MAKE | PAGE. 49 |

| NO. 9 | 귀덮개 모자 | PAGE. 15 |
| HOW TO MAKE | PAGE. 54 |

| NO. 10 | 케이블 스웨터 | PAGE. 16 |
| HOW TO MAKE | PAGE. 56 |

| NO. 11 | 크루넥 베스트 | PAGE. 18 |
| HOW TO MAKE | PAGE. 58 |

| NO. 12 | 배색무늬 머플러 | PAGE. 19 |
| HOW TO MAKE | PAGE. 60 |

NO.	제목	PAGE	HOW TO MAKE
NO. 13	케이블 스누드	PAGE. 20	PAGE. 62
NO. 14	앞여밈 그러데이션 베스트	PAGE. 21	PAGE. 64
NO. 15	분할무늬 스웨터	PAGE. 22	PAGE. 66
NO. 16	케이블 머플러	PAGE. 24	PAGE. 63
NO. 17	무늬뜨기 스웨터	PAGE. 25	PAGE. 70
NO. 18	북극곰 스웨터	PAGE. 26	PAGE. 72
NO. 19	코위찬 베스트	PAGE. 28	PAGE. 74
NO. 20	아란 털모자	PAGE. 29	PAGE. 78
NO. 21	롱 스누드	PAGE. 30	PAGE. 79
NO. 22	앞여밈 케이블 베스트	PAGE. 31	PAGE. 80

	PAGE
이 책에 사용한 실	PAGE. 32
HOW TO MAKE	PAGE. 33
대바늘뜨기 기초	PAGE. 82

이 책에 실린 작품은 하마나카 수예 손뜨개 실, 하마나카 아미아미 손뜨개 바늘을 사용했습니다. 이 책의 작품 뜨는 법은 소품을 제외하고 M·L·XL로 표시했습니다. 작품은 전부 M으로 제작했고, L·XL의 실 분량은 대략적인 양입니다. 단, 4쪽 작품은 제외입니다. 다음의 표(신체 치수)를 참고해 제작했지만, 작품마다 디자인에 따라 품·길이·여유분 넣는 방법이 다릅니다. HOW TO MAKE 페이지의 작품 사이즈(완성 크기)를 확인해 가지고 있는 스웨터 등의 사이즈와 비교해보면 좋습니다.

구분	키	가슴둘레	몸통둘레
M	160-170cm	84-92cm	72-80cm
L	170-180cm	90-98cm	78-88cm
XL	175-185cm	96-104cm	86-96cm

NO. 1　아란 스웨터

HOW TO MAKE　　PAGE. 34

DESIGN　가마타 에미코
MAKING　이즈카 시즈요
YARN　하마나카 맨즈 클럽 마스터

나이와 상관없이 입을 수 있는 아란 스웨터는 옷장에 추가하고 싶은 기본 니트지요. 중앙의 격자무늬가 인상적입니다.

왼쪽부터 M(블루)·L(베이지)·XL(모스 그린)

NO. 2　카디건

HOW TO MAKE　PAGE. 36

DESIGN　효도 요시코
MAKING　유키어
YARN　하마나-카 아란 트위드

옆구리와 밑소매의 리브뜨기로 실루엣이 깔끔하게 완성되었습니다. 래글런 슬리브라서 어깨 위치 상관없이 가볍게 걸칠 수 있어요.

NO. 3 래글런 스웨터

HOW TO MAKE. PAGE. 42

DESIGN 기시 무쓰코
YARN 하마나카 맨즈 클럽 마스터

세로줄 무늬와 래글런 슬리브로 심플하게 디자인했습니다. 고급스럽고 멋스러운 옷맵시를 즐길 수 있는 스웨터랍니다.

NO. 4 **심플 비니**

HOW TO MAKE   PAGE. 41

DESIGN 기시 무쓰코
YARN   하마나카 아메리 F '합태'

심플한 리브뜨기 사이에 교차무늬로 포인트를 준 니트 모자입니다. 합태 실 특유의 섬세함을 즐겨주세요.

№ 5 V넥 베스트

HOW TO MAKE　PAGE. 46

DESIGN　기시 무쓰코
MAKING　사와다 미키
YARN　하마나카 아란 트위드

샤프한 무늬의 야무진 느낌과 트위드 실의 따뜻한 느낌이 공존하는 V넥 베스트. 비즈니스 자리에도 잘 어울리는 니트입니다.

NO. 6 심플 스누드

HOW TO MAKE　PAGE. 48

DESIGN　노구치 도모코
YARN　하마나카 아메리 L '극태'

굵은 실로 뜰 수 있는 스누드는 초보자도 도전하기 쉬운 아이템이지요. 심플한 뜨개바탕에 도트무늬로 포인트를 주었습니다.

 둥근 요크 스웨터

HOW TO MAKE   PAGE. 52

DESIGN 가제코보
YARN   하마나카 아메리

노르딕 스타일의 무늬를 요크에 배색해 뜬 스웨터. 모노 톤 그러데이션의 색 조합이 멋집니다.

NO. 8 심플 베스트

HOW TO MAKE   **PAGE. 49**

DESIGN   가마타 게미코
YARN   하마나카 맨즈 클럽 마스터

와플 같은 무늬가 두께감을 만들어 포근하고 따뜻한 베스트입니다. 목둘레와 아랫단에 들어간 블루 라인이 멋스러워요.

NO. 9　귀덮개 모자

HOW TO MAKE　　PAGE. 54

DESIGN　　marshell (가이 나오코)
YARN　　하마나카 맨즈 클럽 마스터

비행 모자 스타일을 즐길 수 있는 캐주얼한 모자. 방한용으로도 유용한 아이템입니다.

NO.10 케이블 스웨터

HOW TO MAKE　PAGE. **56**

DESIGN　가마타 에미코
MAKING　아리가 사다코
YARN　하마나카 아메리

실의 부드러운 느낌이 살아 있는 폭신한 케이블무늬가 멋진 니트웨어입니다. 여러 가지 색깔로 몇 벌이고 떠보고 싶은 스웨터입니다.

왼쪽부터 넛맥(M), 내추럴 화이트(M)

NO.11 크루넥 베스트

HOW TO MAKE   PAGE. 58

DESIGN   가사마 마야
MAKING   사토 히로미
YARN   하마나카 맨즈 클럽 마스터

캐주얼한 크루넥 베스트입니다. 띄워뜨기로 만드는 바탕 무늬가 공기를 품어 보온성을 높여줍니다.

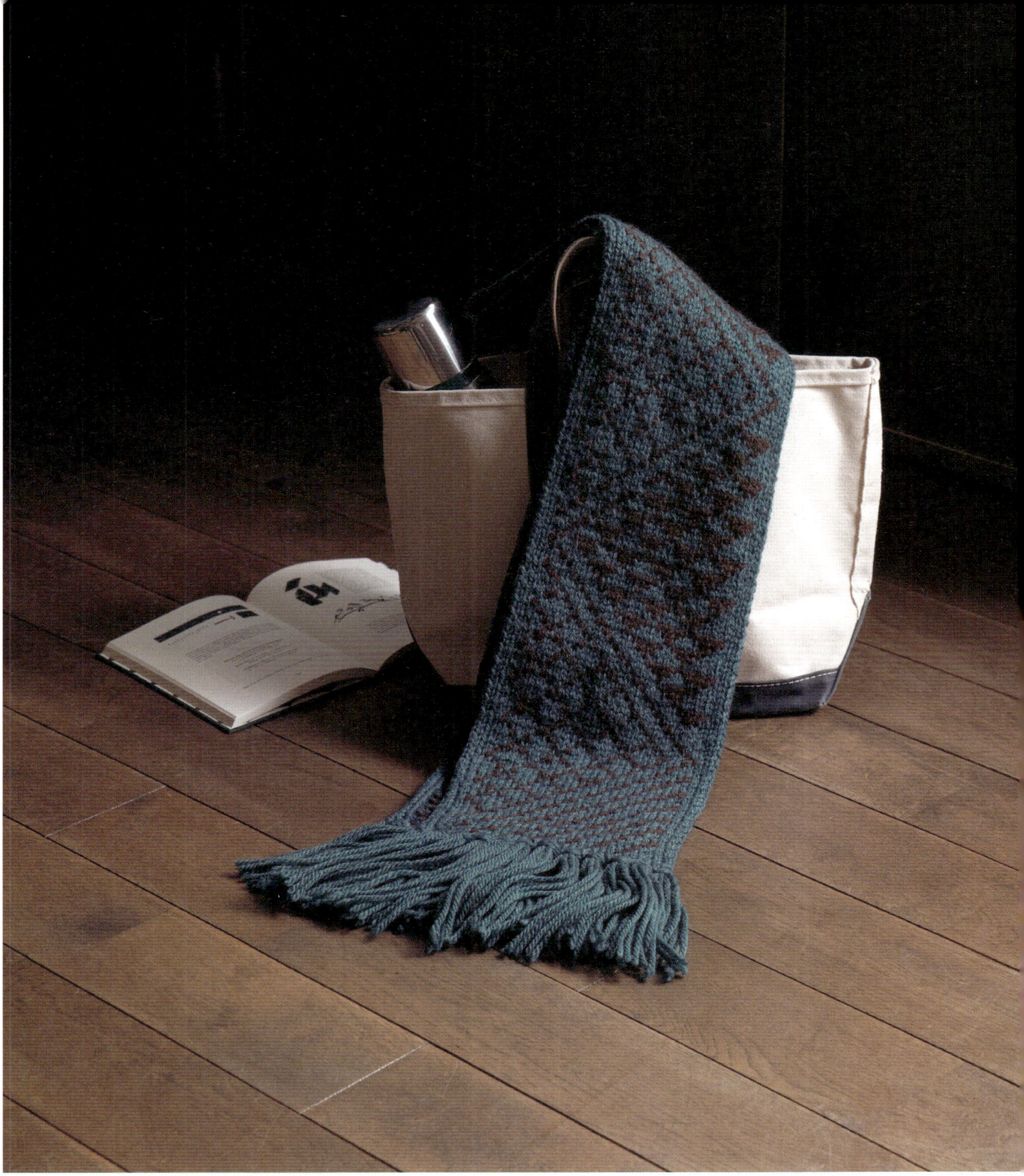

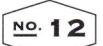

NO. 12 배색무늬 머플러

HOW TO MAKE PAGE. 60

DESIGN 스즈키 아사코
YARN 하마나카 맨즈 클럽 마스터

기하학무늬를 배색해 넣은 개성 있는 머플러입니다. 2가지 톤의 조합으로 차분한 느낌의 머플러가 완성되었습니다.

NO. 21

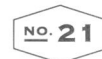

롱 스누드

준비물
하마나카 아메리 L '극태' … 보라색 (115) 300g
대바늘 … 13호

게이지
무늬뜨기(10×10cm) … 17코 17단

완성 크기
목둘레 140cm, 길이 25cm

POINT
- 별도의 사슬로 기초코를 만들어 무늬뜨기를 239단 뜬다.
- 뜨개 끝은 쉬어두고, 기초코와 메리야스 잇기로 1단을 만들면서 원형으로 연결한다.

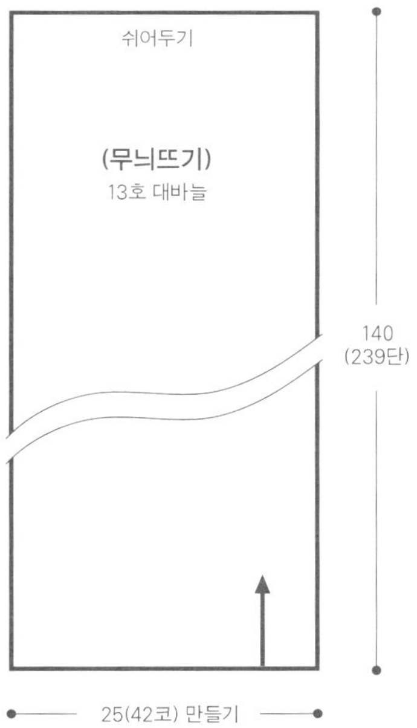

무늬뜨기

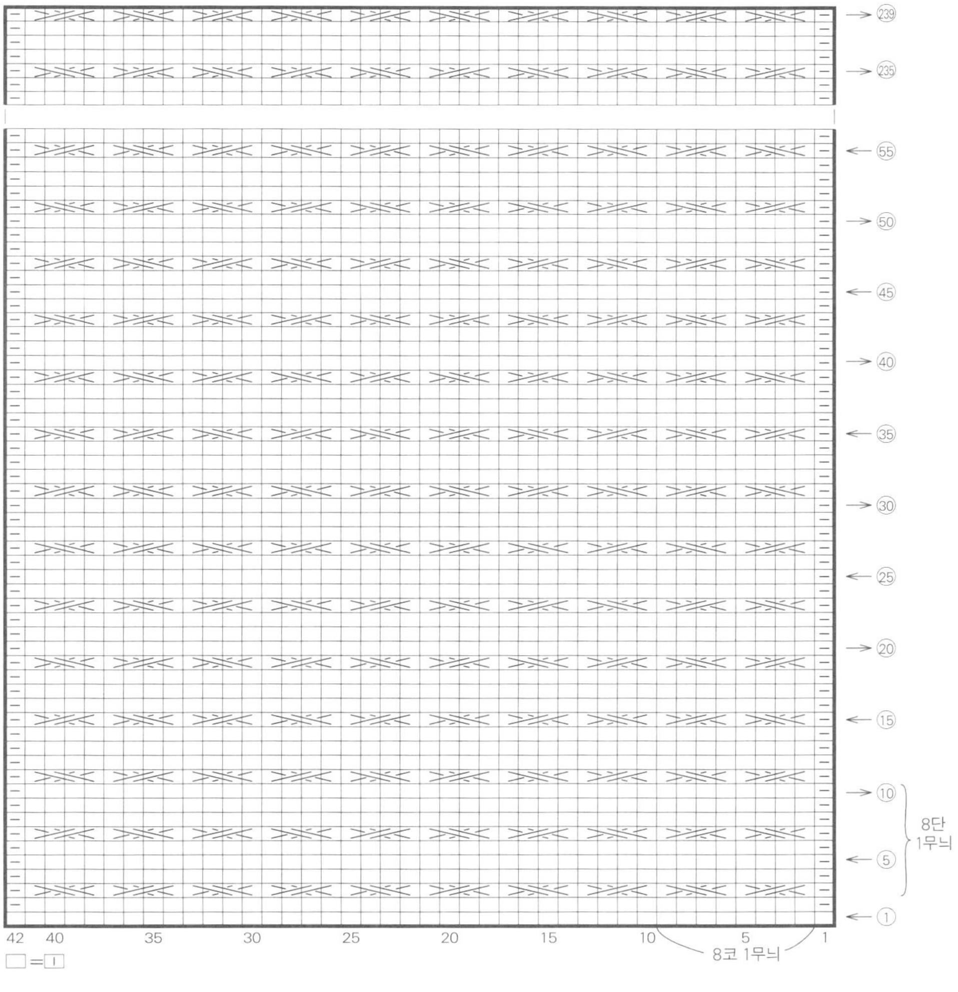

NO.22 앞여밈 케이블 베스트

PHOTO PAGE. 31

준비물
하마나카 소노모노 알파카 울 '병태' ··· 라이트 그레이 (64) M／305g,
L／335g, XL／360g
단추(지름 1.8cm) ··· 5개
대바늘 ··· 7호, 6호

게이지
메리야스뜨기(10×10cm) ··· 17코 26단
무늬뜨기 ··· 22코 1무늬가 8.5cm, 10cm가 26단

완성 크기
M／가슴둘레 105cm, 어깨너비 42cm, 기장 61cm
L／가슴둘레 109cm, 어깨너비 44cm, 기장 64.5cm
XL／가슴둘레 115cm, 어깨너비 44cm, 기장 66cm

POINT
● 앞뒤 몸판 모두 손가락으로 거는 기초코를 만들고 2코 고무뜨기부터 시작해 이어서 2코 고무뜨기, 무늬뜨기, 메리야스뜨기를 한다.
● 진동둘레, 목둘레의 줄임코는 2코 이상의 줄임코는 덮어씌우기, 1코의 줄임코는 끝의 1코를 세우는 줄임코를 한다.
● 어깨는 덮어씌워 잇기, 옆선은 돗바늘로 떠서 잇기로 합친다.
● 앞단·목은 앞단, 뒤 목둘레에서 코를 주워 2코 고무뜨기한다. 왼쪽 앞단은 단춧구멍을 만들면서 뜬다. 뜨개 끝은 겉뜨기는 겉뜨기, 안뜨기는 안뜨기로 떠서 덮어씌워 코막음한다.
● 진동둘레에서 코를 주워 2코 고무뜨기를 원형뜨기한다. 뜨개 끝은 겉뜨기는 겉뜨기, 안뜨기는 안뜨기로 떠서 덮어씌워 코막음한다.

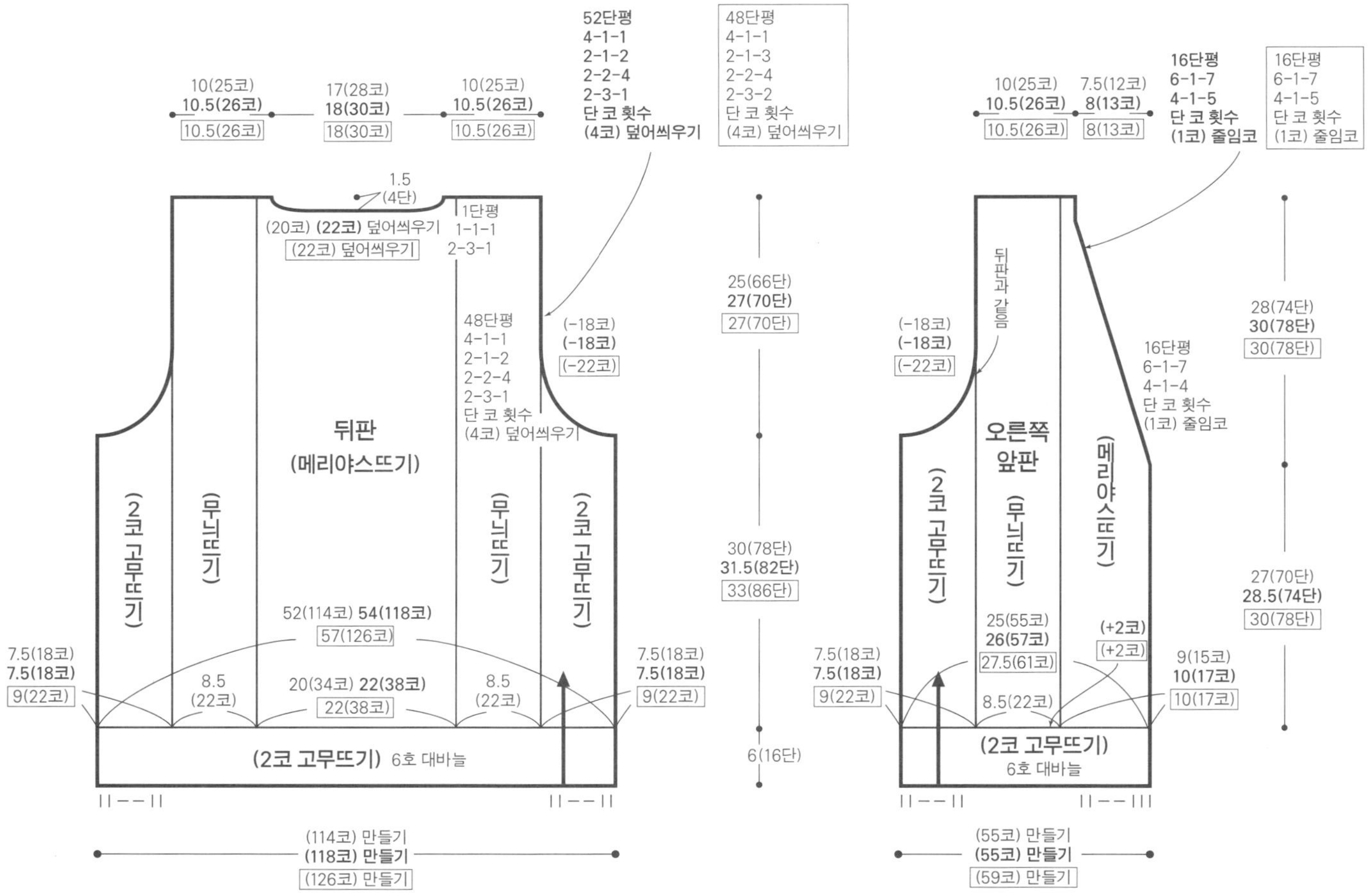

앞단·목 (2코 고무뜨기) 6호 대바늘

사이즈는 M·L·XL 순으로 표기
하나만 표기한 경우는 공통

단춧구멍 (왼쪽 앞단) M

□=Ⅰ
ꝏ=앞몸판의 늘림코 위치(L·XL)
※M은 늘림코 없음

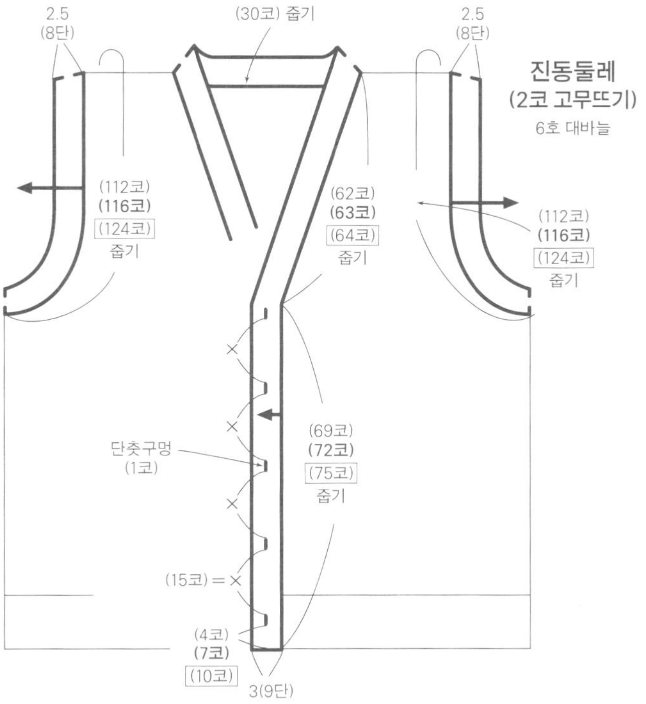

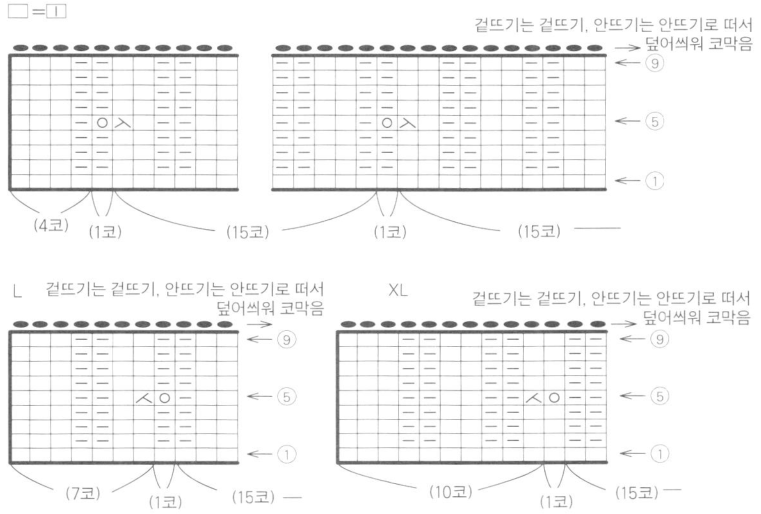

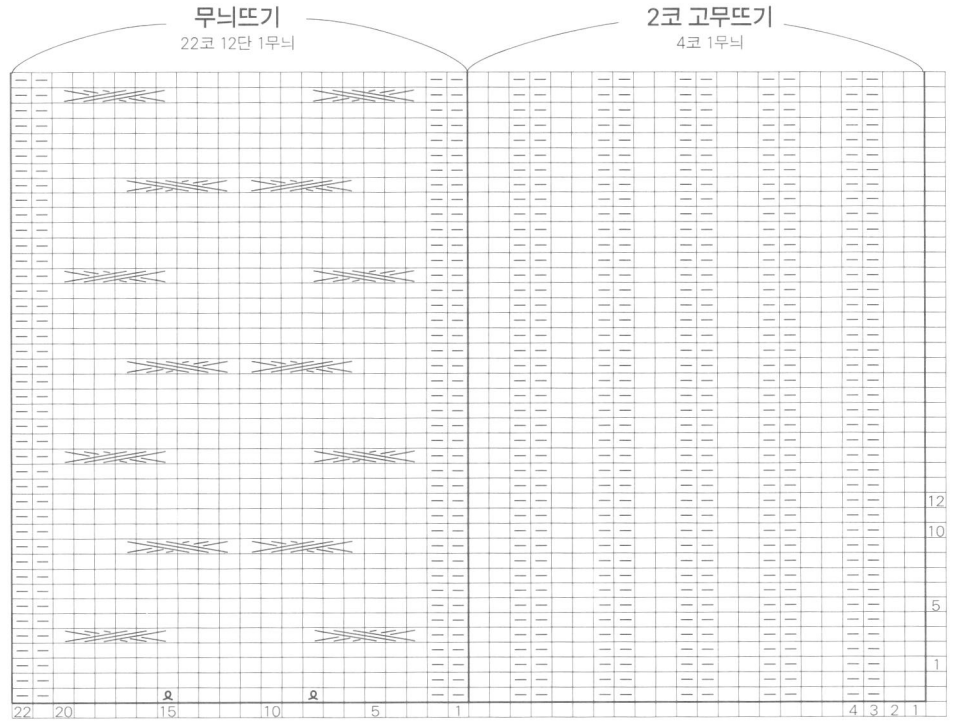

대바늘뜨기 기초

〈기초코〉
손가락으로 거는 기초코

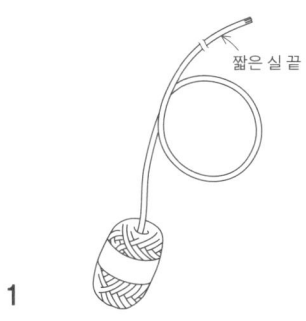

1
짧은 실 끝은 뜨려고 하는 폭의 약 3배를 남깁니다.

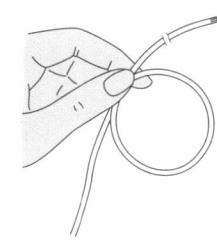

2
원을 만들고 왼손으로 교점을 누릅니다.

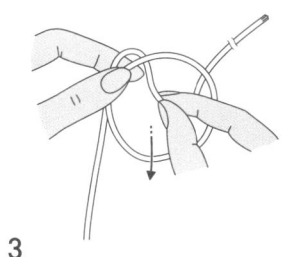

3
원 안으로 짧은 실 끝을 뺍니다.

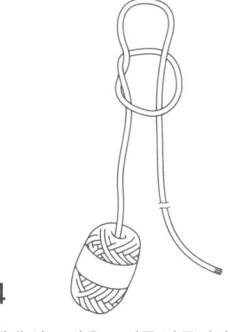

4
빼낸 실로 작은 고리를 만듭니다.

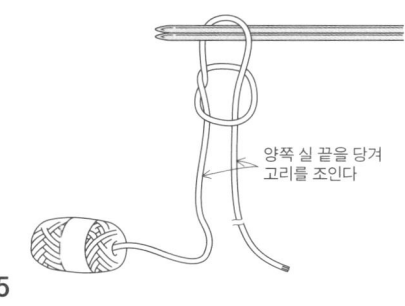

5
작은 원 안에 대바늘 2개를 넣습니다. 양쪽의 실 끝을 당겨 원을 줄입니다.

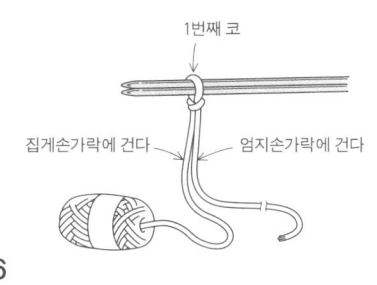

6
1번째 코가 만들어졌습니다. 짧은 실을 엄지손가락에, 긴 실을 집게손가락에 걸고 2가닥의 실을 나머지 세 손가락으로 쥡니다.

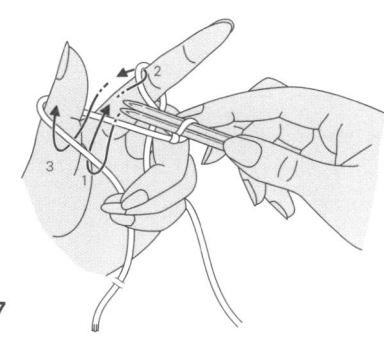

7
바늘 끝을 화살표 순서대로 움직여서 대바늘에 실을 겁니다.

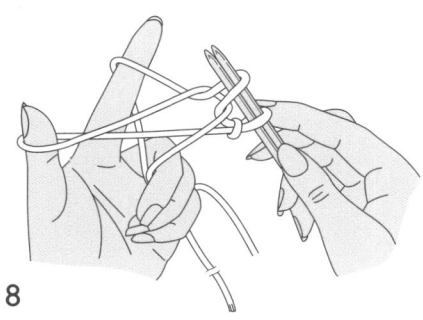

8
바늘에 실이 걸렸습니다.

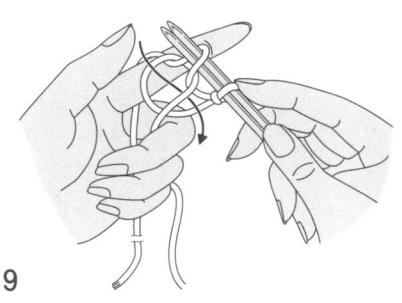

9
엄지손가락의 실을 잠시 뺐다가 다시 화살표와 같이 엄지손가락을 넣습니다.

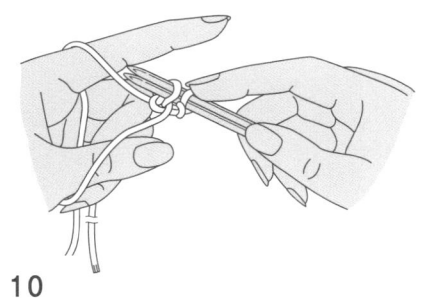

10
엄지손가락을 당겨 코를 조입니다. 2번째 코가 만들어졌습니다. **7-10을 반복합니다.**

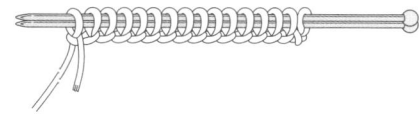

11
필요한 콧수만큼 만듭니다.

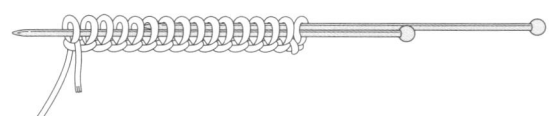

12
바늘을 1개 빼서 뜨개를 시작합니다.

별도 사슬의 기초코

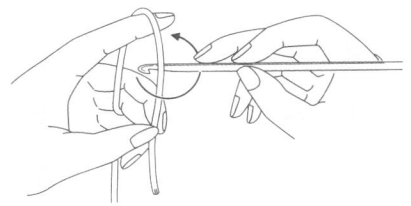

1
사슬뜨기를 합니다. 코바늘을 실 뒤쪽에 대고 화살표 방향으로 돌립니다.

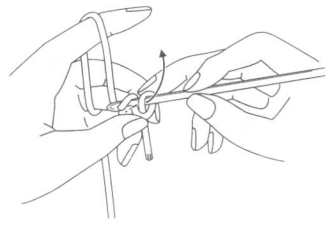

2
교점을 손가락으로 누르고 코바늘에 실을 걸어 원 안으로 당겨 뺍니다.

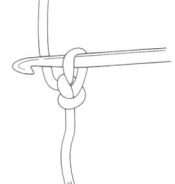

3
실 끝을 당겨 원을 조입니다. 첫 코 완성. 이 코는 기초코에 포함되지 않습니다.

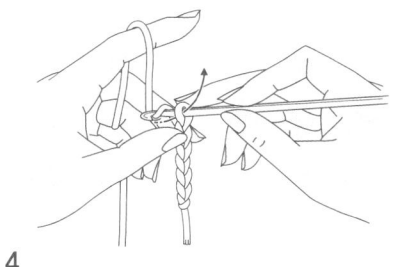

4
'코바늘에 실을 걸어 빼기'를 반복해 필요한 콧수보다 조금 많이 사슬코를 뜹니다.

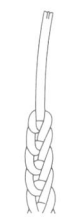

5
마지막은 한 번 더 실을 걸어 빼고 실 끝을 당겨 뺀 다음 실을 자릅니다.

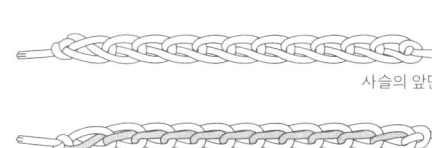

사슬의 앞면

사슬의 뒷면

6
별도 사슬의 완성.

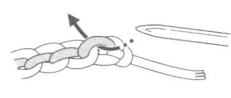

7
사슬의 뜨개 끝 쪽 코산에 화살표와 같이 바늘을 넣습니다.

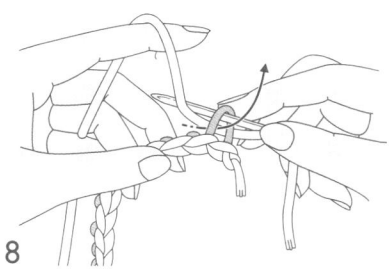

8
본체를 뜰 실을 코산에서 빼 코를 줍습니다.

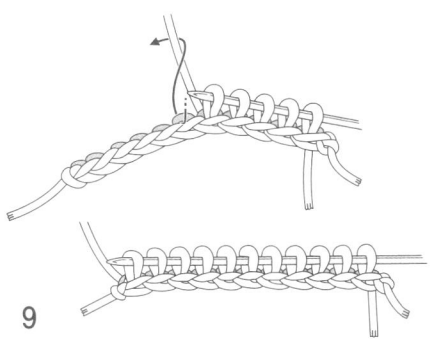

9
코산 1개에서 1코씩 필요한 콧수만큼 줍습니다.

〈별도 사슬을 풀어서 코 줍는 방법〉

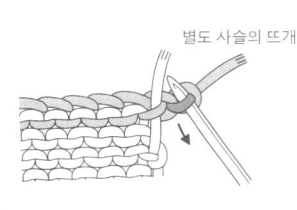

별도 사슬의 뜨개 끝 쪽

1
뜨개바탕의 뒷면을 보면서 별도 사슬의 코산에 바늘을 넣고 실 끝을 당겨 매듭을 풉니다.

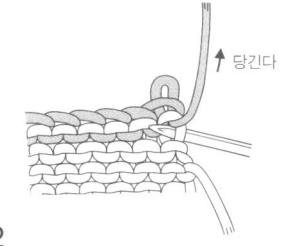

당긴다

2
코에 바늘을 넣은 다음 별도 사슬을 풉니다.

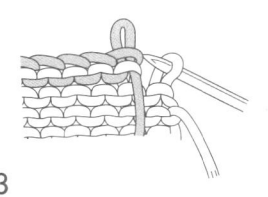

3
1코 푼 모습입니다. 바늘에 코를 옮기면서 별도 사슬을 풉니다.

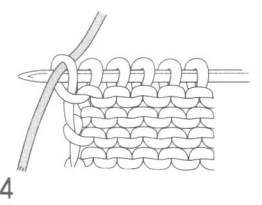

4
마지막 코는 꼬인 상태로 줍고 별도 사슬의 실을 뺍니다.

1코 고무뜨기 기초코
● 양쪽 끝이 겉뜨기 2코인 경우

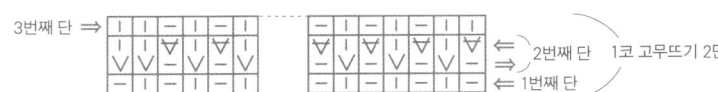

※1~9는 뜨고 있는 상태의 뜨개코 기호로 설명했습니다.

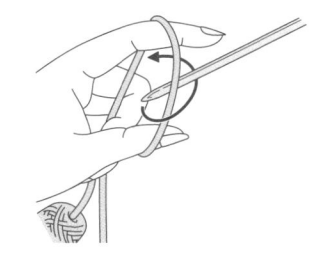

1
1번째 단. 대바늘을 실의 뒤쪽에 두고 화살표와 같이 움직여 1번째 코(안뜨기 코)를 만듭니다.

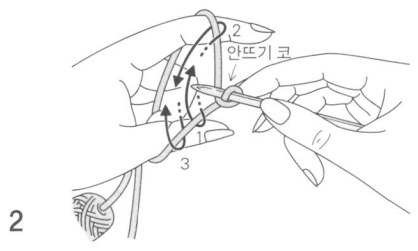

2
1·2·3 순으로 바늘 끝을 움직여서 다음 코(겉뜨기 코)를 만듭니다.

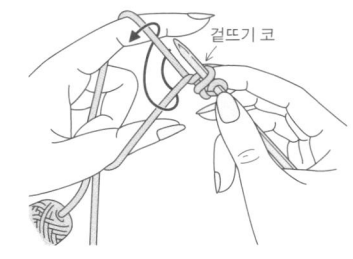

3
3번째 코(안뜨기 코)는 대바늘을 화살표와 같이 움직입니다. 2와 3을 반복합니다.

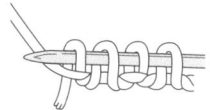

4
마지막은 3의 동작(안뜨기 코)으로 끝납니다.

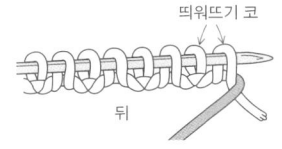

5
뜨개바탕을 돌려 잡고 뒷면에서 2번째 단을 뜹니다. 실을 앞쪽에 두고 끝의 2코를 안뜨기의 띄워뜨기로 진행합니다.

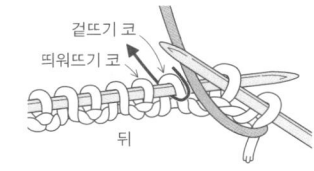

6
그다음부터는 겉뜨기와 안뜨기의 띄워뜨기를 1코씩 번갈아 뜹니다.

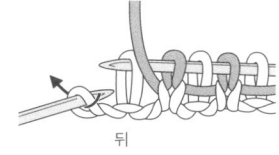

7
마지막 1코는 겉뜨기합니다.

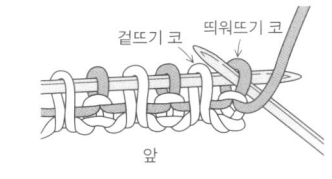

8
뜨개바탕을 돌려 잡고 앞면에서 2번째 단을 뜹니다. 안뜨기의 띄워뜨기와 겉뜨기를 1코씩 번갈아 뜹니다. 마지막 코는 겉뜨기합니다.

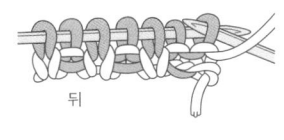

9
3번째 단. 끝의 2코를 안뜨기하고 그다음부터는 겉뜨기와 안뜨기를 1코씩 번갈아 뜹니다. 마지막 코는 안뜨기합니다. 1코 고무뜨기가 2단 떠졌습니다.

〈뜨개 기호〉

| 겉뜨기

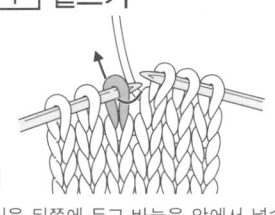

1
실을 뒤쪽에 두고 바늘을 앞에서 넣습니다.

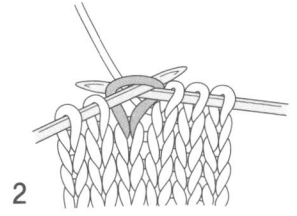

2
바늘을 넣고 실을 겁니다.

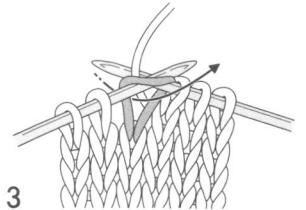

3
화살표와 같이 앞으로 당겨 뺍니다.

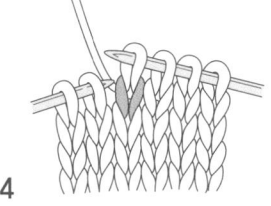

4
겉뜨기의 완성.

— 안뜨기

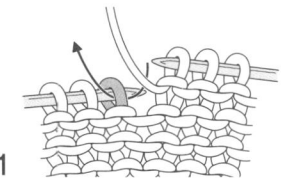

1
실을 앞쪽에 두고 바늘을 화살표와 같이 넣습니다.

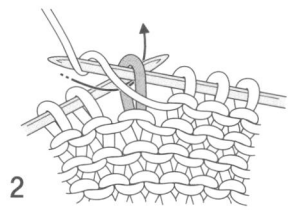

2
바늘에 실을 걸고 화살표와 같이 뒤쪽으로 당겨 뺍니다.

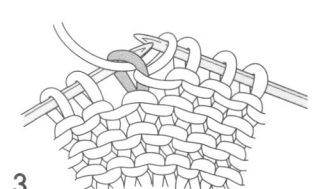

3
실을 당겨 뺀 모습.

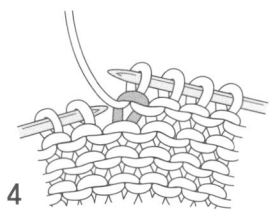

4
안뜨기의 완성.

○ 바늘비우기(=걸기코)

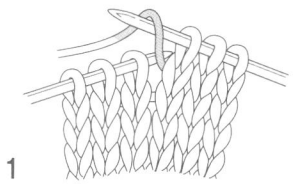

1
바늘에 앞쪽에서 뒤쪽으로 실을 겁니다.

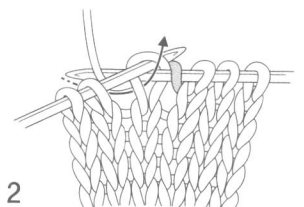

2
다음 코를 겉뜨기합니다.

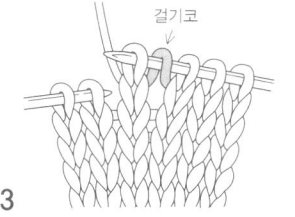

3
걸기코가 만들어졌습니다.

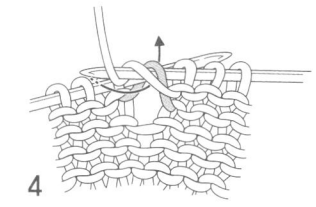

4
다음 단에서 걸기코를 뒷면에서 뜰 때는 안뜨기합니다.

♀ 돌려뜨기

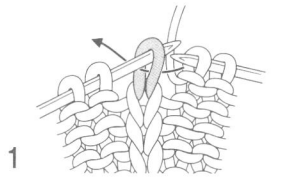

1
바늘을 화살표와 같이 뒤쪽에서 코를 돌리듯이 넣습니다.

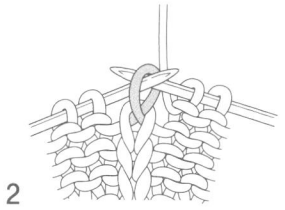

2
바늘을 넣은 모습.

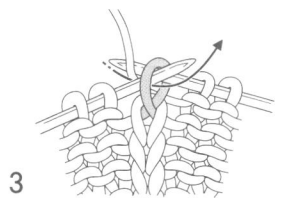

3
바늘에 실을 걸고 화살표와 같이 앞쪽으로 당겨 뺍니다.

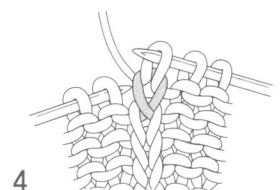

4
돌려뜨기를 완성했습니다.

♀ 안뜨기의 돌려뜨기

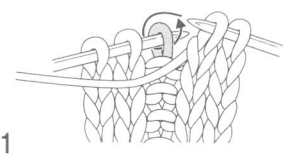

1
실을 앞쪽에 두고 바늘을 화살표와 같이 뒤쪽에서 코를 돌리듯이 넣습니다.

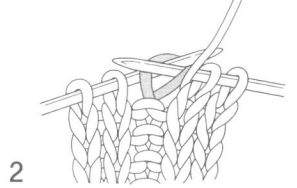

2
바늘을 넣은 모습.

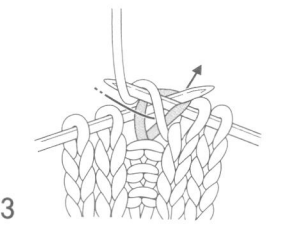

3
바늘에 실을 걸고 화살표와 같이 뒤쪽으로 당겨 뺍니다.

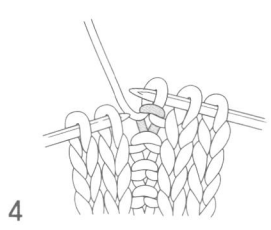

4
안뜨기의 돌려뜨기를 완성했습니다.

∇ ⇐● 띄워뜨기(1단의 경우)
⇒×

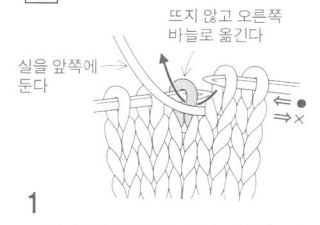

1
●단에서 실을 앞쪽에 두고 화살표와 같이 바늘을 넣어서 뜨지 않고 코를 옮깁니다.

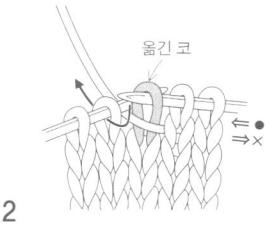

2
옮긴 코가 띄워뜨기 코입니다. 다음 코를 뜹니다.

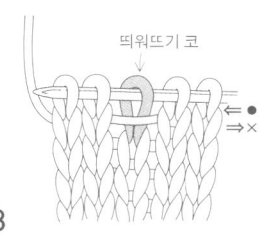

3
띄워뜨기 코는 실이 앞쪽으로 지납니다.

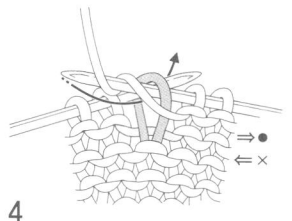

4
다음 단은 띄워뜨기 코를 뜨개 도안대로 뜹니다.

∇ ⇐● 안뜨기의 띄워뜨기(1단의 경우)
⇒×

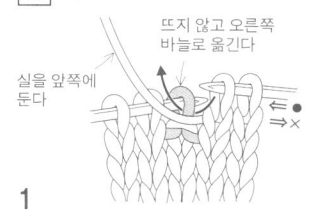

1
×단의 코가 안뜨기일 경우 ●단에서 실을 앞쪽에 두고 화살표와 같이 바늘을 넣어서 뜨지 않고 코를 옮깁니다.

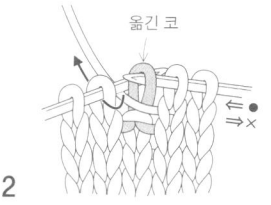

2
옮긴 코가 안뜨기의 띄워뜨기 코입니다. 다음 코를 뜹니다.

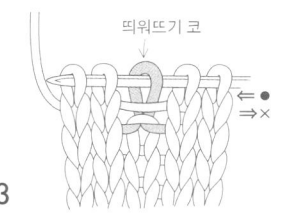

3
띄워뜨기 코는 실이 앞쪽으로 지납니다.

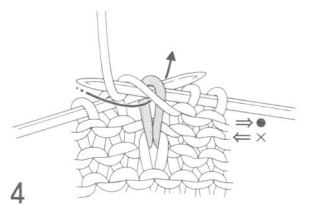

4
다음 단은 띄워뜨기 코를 뜨개 도안대로 뜹니다.

⋁ 걸러뜨기(1단의 경우)

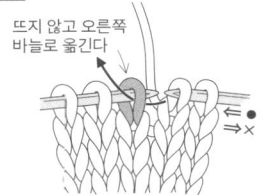
1 ●단에서 실을 뒤쪽에 두고, 화살표와 같이 바늘을 넣어서 뜨지 않고 코를 옮깁니다.

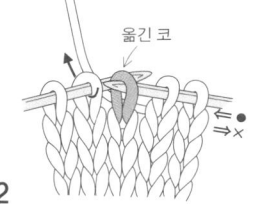
2 이것이 걸러뜨기입니다. 다음 코를 뜹니다.

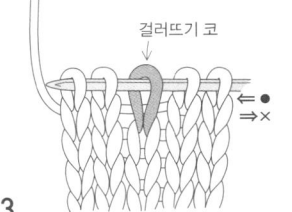
3 걸러뜨기 코는 실이 뒤쪽으로 지납니다.

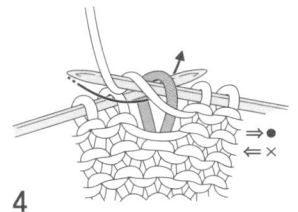
4 다음 단은 걸러뜨기 코를 뜨개 도안대로 뜹니다.

⊠ 오른코 겹쳐 2코 모아뜨기

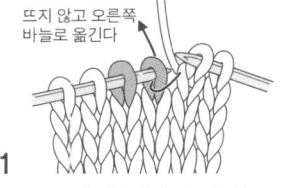
1 오른쪽 코에 앞쪽에서 바늘을 넣어 뜨지 않고 오른쪽 바늘로 옮깁니다.

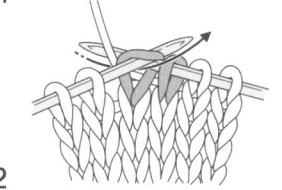
2 다음 코를 겉뜨기합니다.

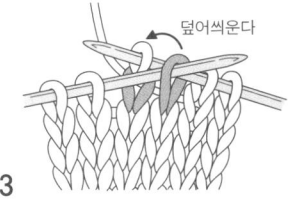
3 옮긴 코에 바늘을 넣어 앞에서 뜬 코에 덮어씌웁니다.

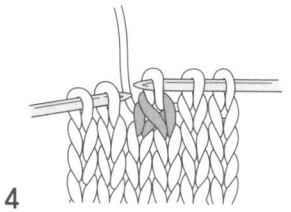
4 왼쪽 바늘을 빼면 오른코 겹쳐 2코 모아뜨기가 완성됩니다.

⊠ 안뜨기의 오른코 겹쳐 2코 모아뜨기

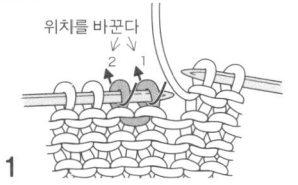
1 코의 위치를 바꿉니다. 먼저 화살표와 같이 바늘을 넣어 오른쪽 바늘로 코를 옮깁니다.

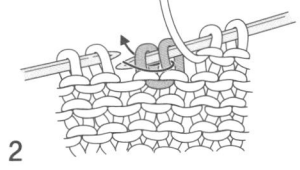
2 화살표와 같이 바늘을 넣어서 왼쪽 바늘로 코를 옮깁니다.

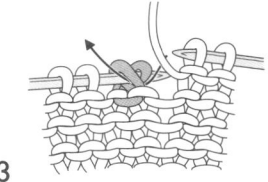
3 화살표와 같이 바늘을 넣고 2코를 한 번에 안뜨기합니다.

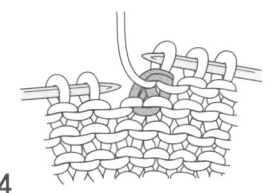
4 안뜨기의 오른코 겹쳐 2코 모아뜨기를 완성했습니다.

⊠ 왼코 겹쳐 2코 모아뜨기

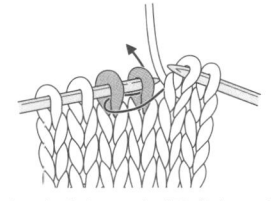
1 화살표와 같이 2코의 왼쪽에서 2코에 한꺼번에 바늘을 넣습니다.

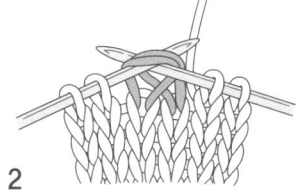
2 2코에 바늘을 넣은 모습.

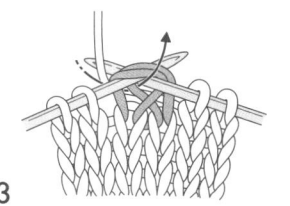
3 실을 걸고 빼서 2코를 한 번에 겉뜨기합니다.

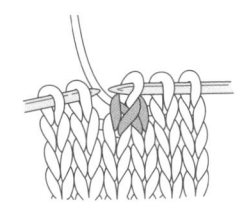
4 왼쪽 바늘을 빼면 왼코 겹쳐 2코 모아뜨기가 완성됩니다.

⊠ 안뜨기의 왼코 겹쳐 2코 모아뜨기

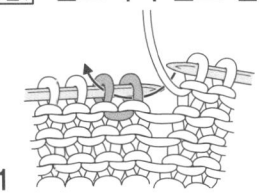
1 화살표와 같이 2코의 오른쪽에서 2코에 바늘을 한꺼번에 넣습니다.

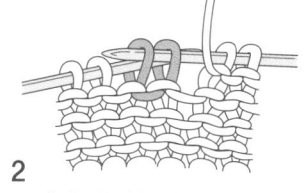
2 2코에 바늘을 넣은 모습.

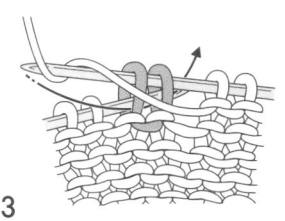
3 실을 걸고 빼서 2코를 한 번에 안뜨기합니다.

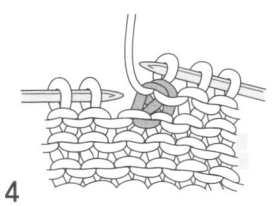
4 안뜨기의 왼코 겹쳐 2코 모아뜨기를 완성했습니다.

⼈ 중심 3코 모아뜨기

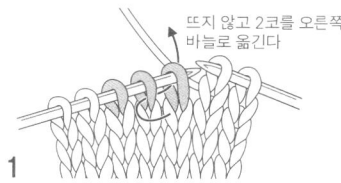
1
화살표와 같이 오른쪽 2코에 바늘을 한꺼번에 넣습니다.

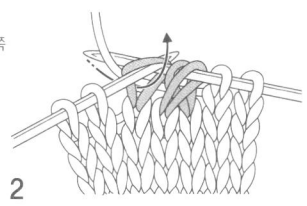
2
3번째 코에 바늘을 넣고 실을 건 다음 빼서 겉뜨기합니다.

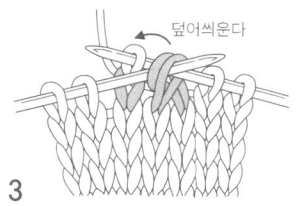
3
오른쪽 바늘로 옮긴 2코에 왼쪽 바늘을 넣어 앞에서 뜬 코에 덮어씌웁니다.

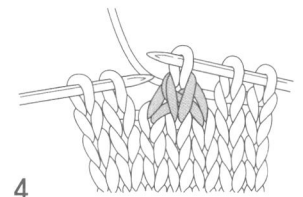
4
왼쪽 바늘을 빼면 중심 3코 모아뜨기가 완성됩니다.

⼈ 오른코 겹쳐 3코 모아뜨기

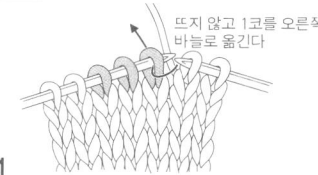
1
오른쪽 코를 뜨지 않고 오른쪽 바늘로 옮깁니다.

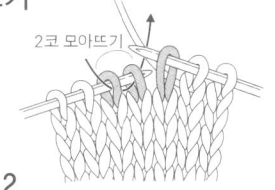
2
다음 2코에 왼쪽부터 한 번에 오른쪽 바늘을 넣고 2코를 함께 겉뜨기합니다.

3
오른쪽 바늘로 옮겨둔 코를 앞에서 뜬 코에 덮어씌웁니다.

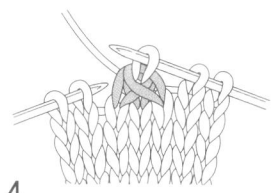
4
오른코 겹쳐 3코 모아뜨기를 완성했습니다.

⼈ 왼코 겹쳐 3코 모아뜨기

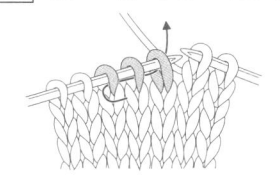
1
3코의 왼쪽에서 오른쪽 바늘을 한 번에 넣습니다.

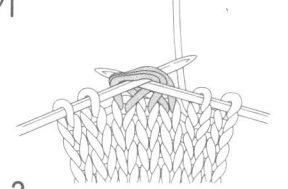
2
바늘을 넣은 모습입니다.

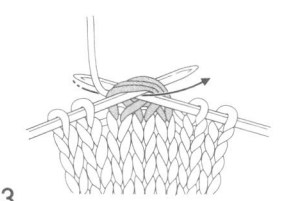
3
3코를 한꺼번에 겉뜨기합니다.

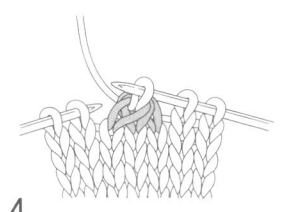
4
왼코 겹쳐 3코 모아뜨기를 완성했습니다.

⼈ 안뜨기의 왼코 겹쳐 3코 모아뜨기

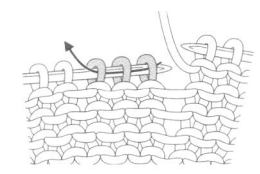
1
3코의 오른쪽에서 오른쪽 바늘을 한 번에 넣습니다.

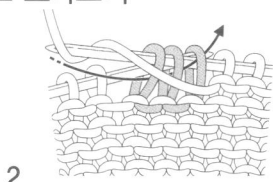
2
3코를 한꺼번에 안뜨기합니다.

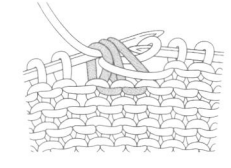
3
실을 걸어서 빼고 왼쪽 바늘을 뺍니다.

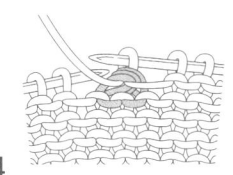
4
안뜨기의 왼코 겹쳐 3코 모아뜨기를 완성했습니다.

⼈ 오른코 교차뜨기

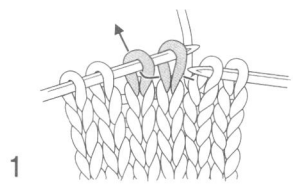
1
오른쪽 코의 뒤쪽에서 왼쪽 코에 화살표와 같이 바늘을 넣습니다.

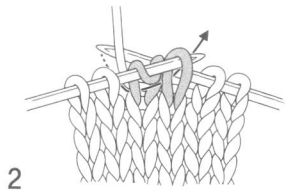
2
바늘에 실을 걸고 화살표와 같이 당겨 빼서 겉뜨기합니다.

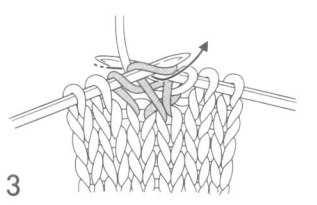
3
뜬 코는 그대로 둔 상태에서 오른쪽 코에 바늘을 넣고 실을 걸어 빼 겉뜨기합니다.

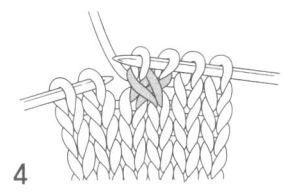
4
왼쪽 바늘의 2코를 빼면 오른코 교차뜨기가 완성됩니다.

⊠ 왼코 교차뜨기

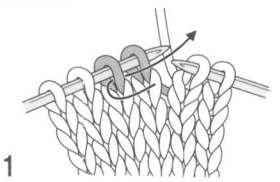

1 왼쪽 코에 화살표와 같이 앞에서 바늘을 넣습니다.

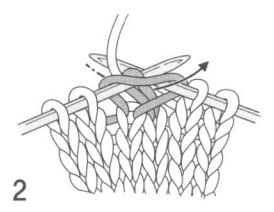

2 바늘에 실을 걸고 화살표와 같이 빼서 겉뜨기합니다.

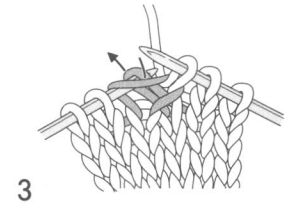

3 뜬 코는 그대로 둔 상태에서 오른쪽 코에 바늘을 넣고 실을 걸어 빼 겉뜨기합니다.

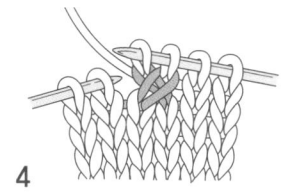

4 왼쪽 바늘의 2코를 빼면 왼코 교차뜨기가 완성됩니다.

⊠ 오른코 교차뜨기(아래쪽 안뜨기)

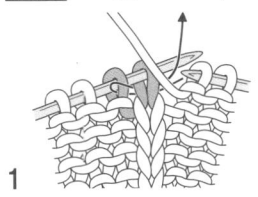

1 실을 앞쪽에 두고 오른쪽 코의 뒤쪽에서 왼쪽 코에 화살표와 같이 바늘을 넣은 다음 왼쪽 코를 당겨서 뺍니다.

2 바늘에 실을 걸고 화살표와 같이 빼서 안뜨기합니다.

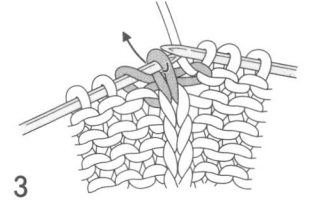

3 뜬 코는 그대로 둔 상태에서 오른쪽 코에 바늘을 넣고 겉뜨기합니다.

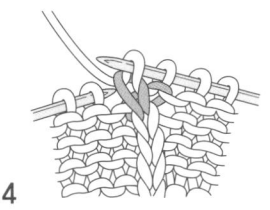

4 왼쪽 바늘의 2코를 빼면 오른코 교차뜨기(아래쪽 안뜨기)가 완성됩니다.

⊠ 왼코 교차뜨기(아래쪽 안뜨기)

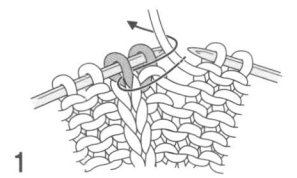

1 왼쪽 코에 화살표와 같이 앞에서 바늘을 넣습니다.

2 바늘에 실을 걸어 겉뜨기하고 실을 앞쪽에 둔 상태에서 오른쪽 코에 화살표와 같이 바늘을 넣습니다.

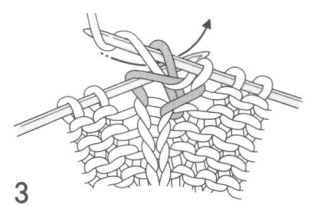

3 뜬 코는 그대로 둔 상태에서 오른쪽 코에 바늘을 넣고 실을 걸어 빼 안뜨기합니다.

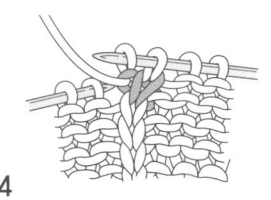

4 왼쪽 바늘의 2코를 빼면 왼코 교차뜨기(아래쪽 안뜨기)가 완성됩니다.

⊠⊠ 오른코 위 2코 교차뜨기

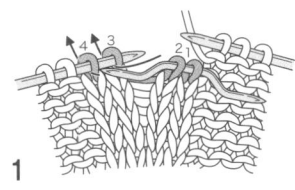

1 오른쪽 2코는 다른 바늘에 옮겨서 앞쪽에 두고 3번과 4번 코를 겉뜨기합니다.

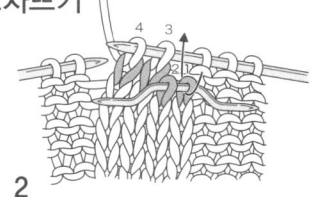

2 앞쪽에 둔 1번 코에 바늘을 넣고 겉뜨기합니다.

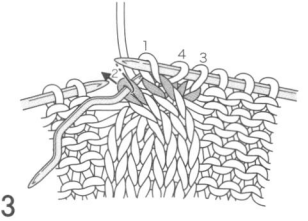

3 2번 코를 겉뜨기합니다.

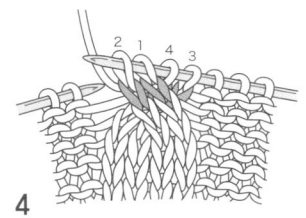

4 오른코 위 2코 교차뜨기를 완성했습니다.

⊠⊠ 왼코 위 2코 교차뜨기

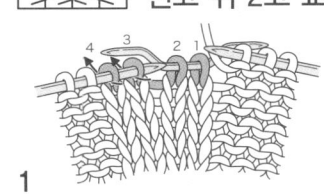

1 오른쪽의 2코는 다른 바늘에 옮겨 뒤쪽에 두고 3번과 4번 코를 겉뜨기합니다.

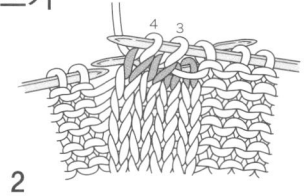

2 3번과 4번 코를 겉뜨기한 모습.

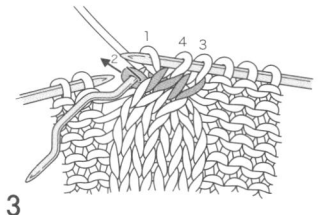

3 1번과 2번 코를 겉뜨기합니다.

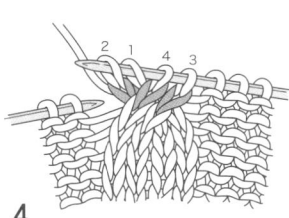

4 왼코 위 2코 교차뜨기를 완성했습니다.

⧄ 왼코 위 2코와 1코 교차뜨기(아래쪽 안뜨기)

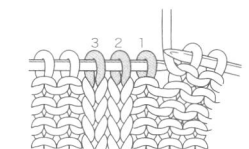
1
오른쪽 1코는 다른 바늘에 옮겨서 뒤쪽에 둡니다.

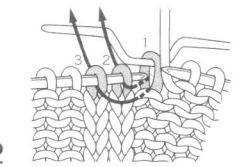
2
2번과 3번 코를 겉뜨기합니다.

3
뒤쪽에 둔 1코를 안뜨기합니다.

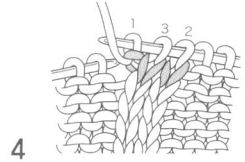
4
왼코 위 2코와 1코 교차뜨기(아래쪽 안뜨기)를 완성했습니다.

⧄ 오른코 위 2코와 1코 교차뜨기(아래쪽 안뜨기)

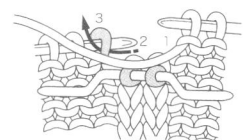
1
오른쪽 2코는 다른 바늘에 옮겨 앞쪽에 두고 뒤쪽의 3번 코를 안뜨기합니다.

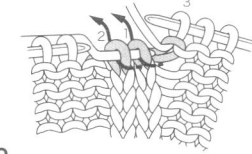
2
1번과 2번 코를 겉뜨기합니다.

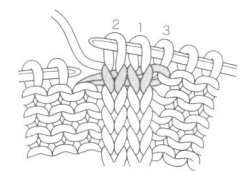
3
오른코 위 2코와 1코 교차뜨기(아래쪽 안뜨기)를 완성했습니다.

⧄ 오른코 위 돌려 교차뜨기(아래쪽 안뜨기)

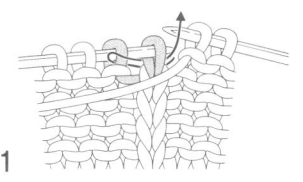
1
실을 앞쪽에 두고 오른쪽 코의 뒤쪽에서 왼쪽 코에 화살표와 같이 바늘을 넣습니다.

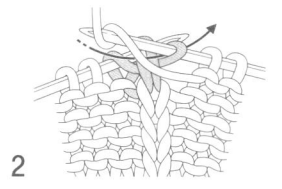
2
오른쪽 코의 오른쪽으로 바늘을 넣은 코를 당겨 빼서 안뜨기합니다.

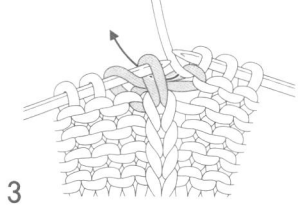
3
그 상태에서 오른쪽 코에 화살표와 같이 바늘을 넣고 겉뜨기합니다.

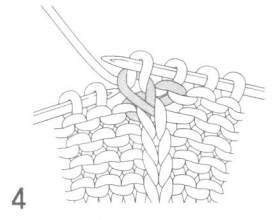
4
왼쪽 바늘에서 2코를 빼면 오른코 위 돌려 교차뜨기(아래쪽 안뜨기)가 완성됩니다.

⧄ 왼코 위 돌려 교차뜨기(아래쪽 안뜨기)

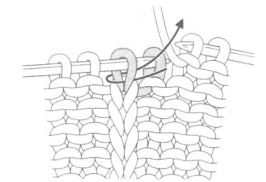
1
왼쪽 코에 화살표와 같이 바늘을 넣고 오른쪽으로 당겨서 뺍니다.

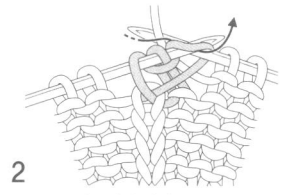
2
그 코를 겉뜨기합니다.

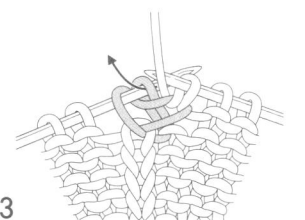
3
실을 앞쪽에 두고 그 상태에서 오른쪽 코를 안뜨기합니다.

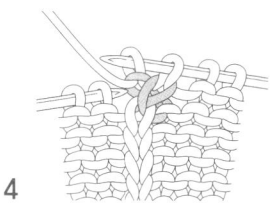
4
왼쪽 바늘에서 2코를 빼면 왼코 위 돌려 교차뜨기(아래쪽 안뜨기)가 완성됩니다.

ⓥ 감아코

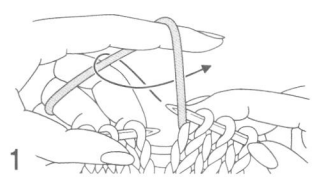
1
화살표와 같이 오른쪽 바늘을 움직여서 오른쪽 바늘에 실을 감습니다.

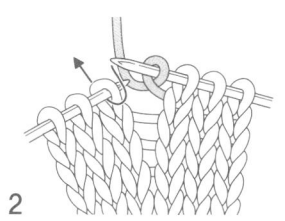
2
다음 코를 겉뜨기합니다.

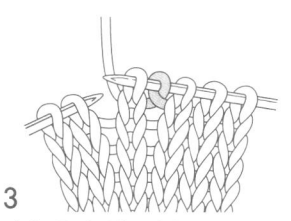
3
감아코를 완성했습니다.

= 겉뜨기 3코 늘림코

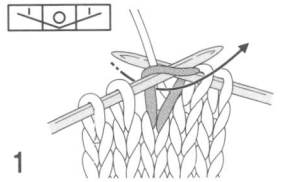
1
겉뜨기를 뜨지만

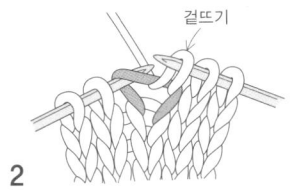
2
왼쪽 바늘에 걸려 있는 코는 그대로입니다.

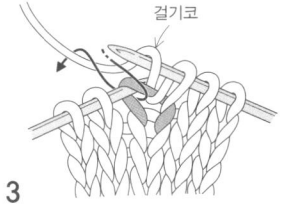
3
걸기코를 하고 같은 코에 오른쪽 바늘을 넣어 다시 한번 겉뜨기합니다.

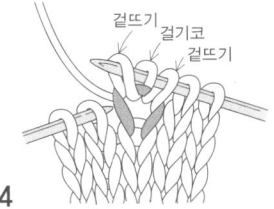
4
겉뜨기 3코 늘림코를 완성했습니다.

 돌려뜨기 늘림코

● 오른쪽

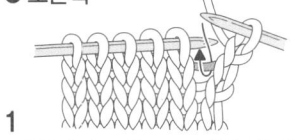
1
오른쪽 끝의 1코를 뜨고 오른쪽 바늘을 화살표와 같이 넣습니다.

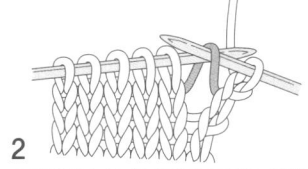
2
오른쪽 바늘로 끌어올린 고리를 왼쪽 바늘로 옮깁니다.

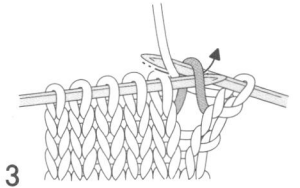
3
오른쪽 바늘에 실을 걸고 화살표와 같이 당겨서 뺍니다.

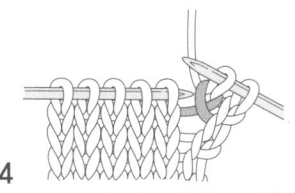
4
오른쪽의 돌려뜨기 늘림코를 완성했습니다.

● 왼쪽

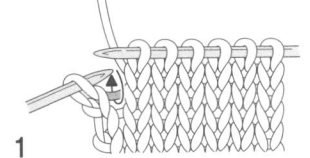
1
왼쪽 끝의 1코 바로 전까지 뜨고 오른쪽 바늘을 화살표와 같이 넣습니다.

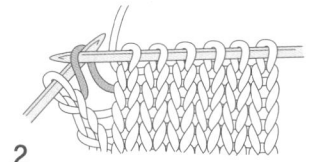
2
오른쪽 바늘로 끌어올린 고리를 왼쪽 바늘로 옮깁니다.

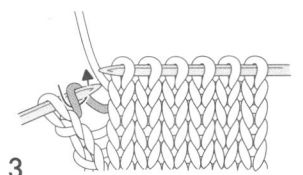
3
왼쪽 바늘로 옮긴 코에 화살표와 같이 오른쪽 바늘을 넣습니다.

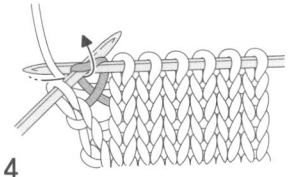
4
오른쪽 바늘에 실을 걸고 화살표와 같이 당겨 빼면 왼쪽의 돌려뜨기 늘림코가 완성됩니다.

실을 가로로 걸치는 배색무늬 뜨는 법

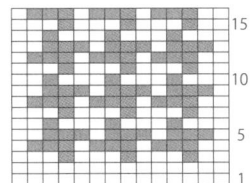

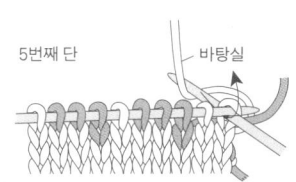
1
배색실을 끼우고 뜨개를 시작해 바탕실로 2코, 배색실로 1코를 뜹니다.

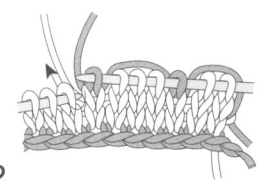
2
배색실은 위, 바탕실은 아래로 지나게 해서 바탕실 3코, 배색실 1코를 반복합니다.

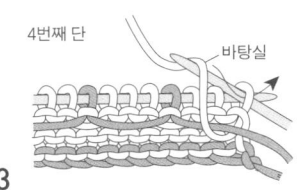
3
4번째 단의 뜨개 시작. 배색실을 끼우고 1번째 코를 뜹니다.

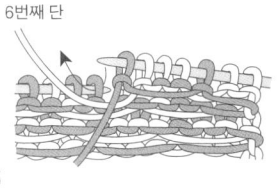
4
안뜨기 쪽을 뜰 때도 배색실은 위, 바탕실은 아래로 지나게 합니다.

5
단이 바뀔 때는 뜨는 실에 쉬는 실을 끼우고 뜨개를 시작합니다.

6
기호 도안대로 반복하고 이 단으로 1무늬가 완성됩니다.

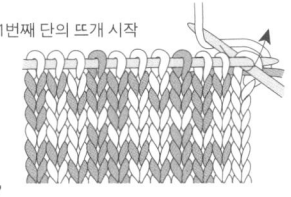
7
다시 4단을 떠서 새발 격자무늬가 2무늬 떠진 모습.

실을 세로로 걸치는 배색무늬 뜨는 법

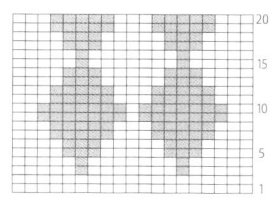
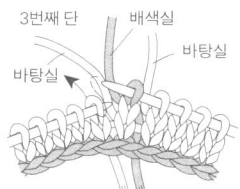

1 다이아몬드무늬의 뾰족한 끝부분에 실을 각각 연결해 뜨개를 시작합니다.

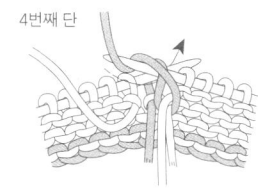

2 배색실로 바꿀 때는 바탕실 밑을 지나게 해서 교차시킵니다.

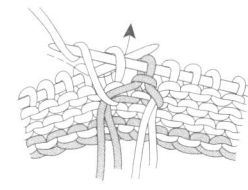

3 바탕실로 바꿀 때도 밑에서부터 끌어올려 교차시킵니다.

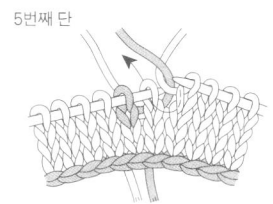

4 앞면을 보고 뜨는 단도 뜨는 실을 밑에서부터 끌어올려 교차시킵니다.

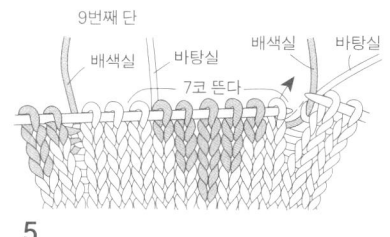

5 이 무늬는 2단 반복의 다이아몬드무늬이므로 겉뜨기 쪽에서 무늬가 바뀝니다.

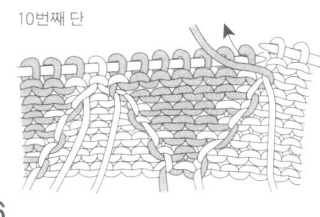

6 안뜨기 쪽은 전단과 같은 색으로 뜹니다. 색을 바꿀 때는 2색을 교차시킵니다.

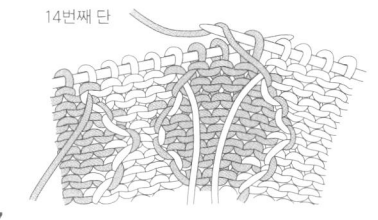

7 14번째 단을 뜨고 있는 모습. 뒷면은 이런 상태가 됩니다.

걸치는 실을 감싸면서 뜨는 배색무늬 뜨는 법

● 겉뜨기 단

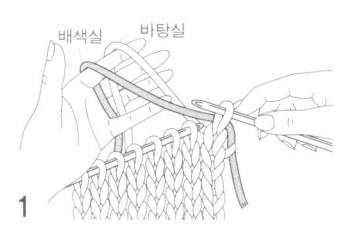

1 바탕실(뜨는 실)을 오른쪽, 배색실(감싸는 실)을 왼쪽으로 하고 2가닥을 동시에 왼손에 겁니다.

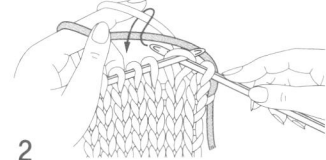

2 배색실 위에서 바탕실을 뜹니다. 엄지로 배색실을 잡으면 뜨기 쉽습니다.

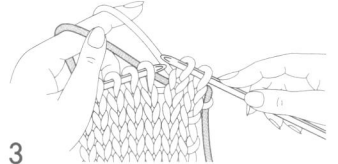

3 뜬 모습.

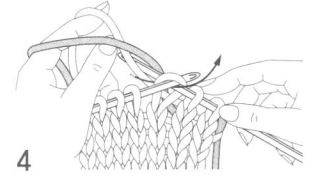

4 다음 코는 배색실을 위에 놓고 밑에서 바탕실을 바늘에 걸어 뜹니다.

● 안뜨기 단

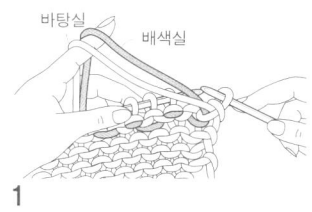

1 뜨개바탕을 돌려서 잡고 바탕실을 왼쪽, 배색실을 오른쪽으로 해 2가닥을 동시에 왼손에 겁니다.

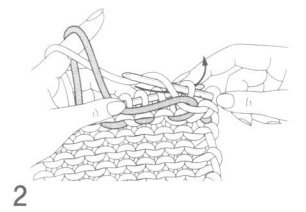

2 바탕실의 2번째 코는 배색실 밑에서 뜹니다.

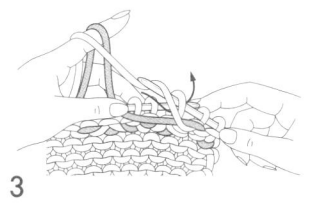

3 다음 코는 배색실 위에서 뜹니다.

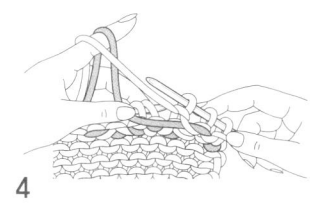

4 뜬 모습. 배색실의 위아래를 번갈아가며 바탕실을 뜹니다.

〈코막음〉

덮어씌워 코막음

● 겉뜨기의 덮어씌워 코막음 (겉뜨기)

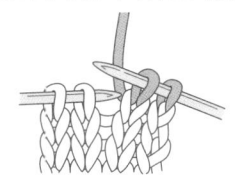

1
끝의 2코를 겉뜨기합니다.

2
오른쪽 끝 코를 2번째 코에 덮어씌우고 왼쪽 바늘을 뺍니다.

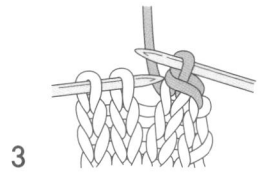

3
덮어씌워 코막음 1코가 완성되었습니다.

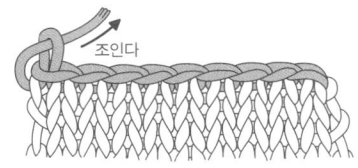

4
계속해서 '뜨고 덮어씌우기'를 반복해 끝까지 진행합니다. 마지막 코는 실 끝을 통과시켜서 조입니다.

● 겉뜨기는 겉뜨기, 안뜨기는 안뜨기로 떠서 덮어씌워 코막음

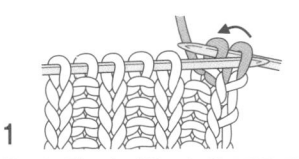

1
끝 코는 겉뜨기, 다음 코는 안뜨기로 뜨고 끝 코를 2번째 코에 덮어씌웁니다.

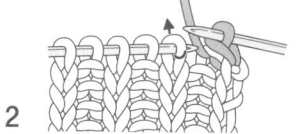

2
다음 코는 겉뜨기합니다.

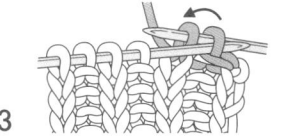

3
오른쪽 코를 덮어씌웁니다. '안뜨기는 안뜨기, 겉뜨기는 겉뜨기를 떠서 덮어씌우기'를 반복합니다.

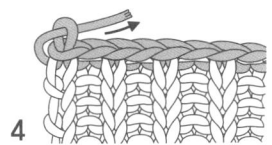

4
마지막 코는 실 끝을 통과시켜서 조입니다.

1코 고무뜨기 코막음

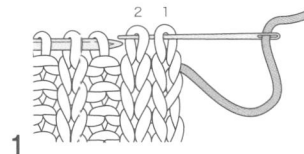

1
1번 코의 앞쪽에서 돗바늘을 넣고 2번 코의 앞쪽으로 뺍니다.

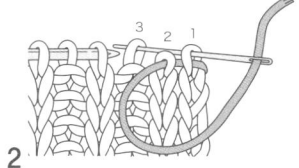

2
1번 코의 앞쪽에서 돗바늘을 넣고 3번 코의 뒤쪽으로 뺍니다.

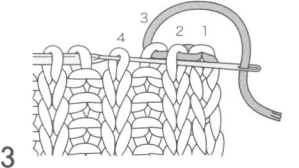

3
2번 코의 앞쪽에서 돗바늘을 넣고 4번 코의 앞쪽으로 뺍니다(겉뜨기와 겉뜨기).

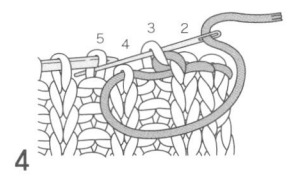

4
3번 코의 뒤쪽에서 돗바늘을 넣고 5번 코의 뒤쪽으로 뺍니다(안뜨기와 안뜨기).

● 오른쪽 끝이 겉뜨기 2코, 왼쪽 끝이 겉뜨기 1코일 때

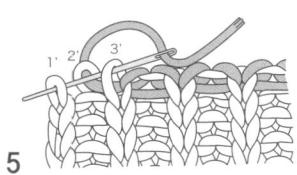

5
왼쪽 끝까지 3과 4를 반복합니다.

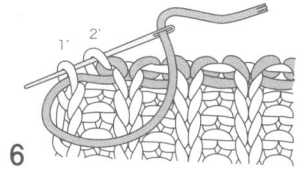

6
마지막은 2'번 코의 뒤쪽에서 돗바늘을 넣고 1'번 코의 앞쪽으로 뺍니다.

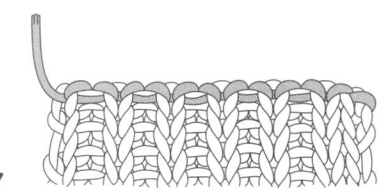

7
완성.

● 양쪽 끝이 겉뜨기 2코일 때

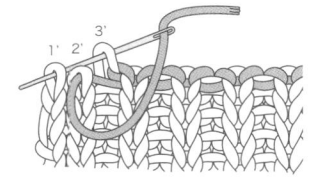

5
1번부터 4번까지는 위 그림 참조. 3'번 코의 뒤쪽에서 돗바늘을 넣고 1'번 코의 앞쪽으로 뺍니다.

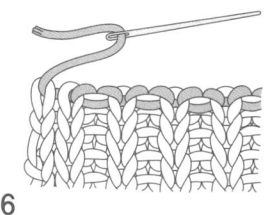

6
실을 뺀 모습.

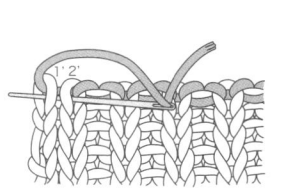

7
2'번 코의 앞쪽에서 돗바늘을 넣고 1'번 코의 앞쪽으로 뺍니다(겉뜨기와 겉뜨기).

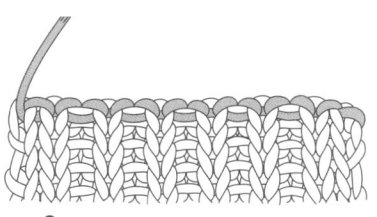

8
완성.

● 원형뜨기일 때

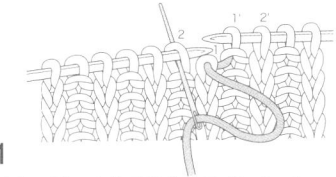

1
1번 코(첫 코)의 뒤쪽에서 돗바늘을 넣고 2번 코의 뒤쪽으로 뺍니다.

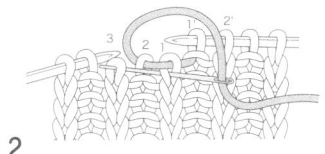

2
1번 코의 앞쪽에서 넣고 3번 코의 앞쪽으로 뺍니다.

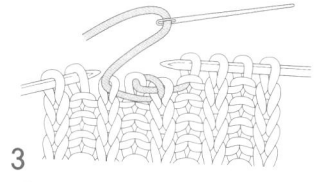

3
실을 뺀 모습입니다.

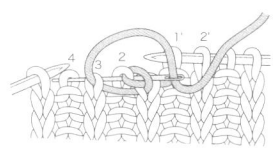

4
2번 코의 뒤쪽에서 넣고 4번 코의 뒤쪽으로 뺍니다(안뜨기와 안뜨기).

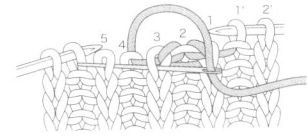

5
3번 코의 앞쪽에서 넣고 5번 코의 앞쪽으로 뺍니다(겉뜨기와 겉뜨기). 4와 5를 반복합니다.

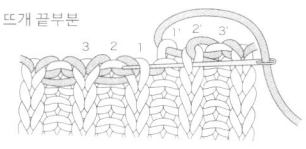

뜨개 끝부분

6
2'번 코의 앞쪽에서 넣고 1번 코(첫 번째 겉뜨기 코)의 앞쪽으로 뺍니다(겉뜨기와 겉뜨기).

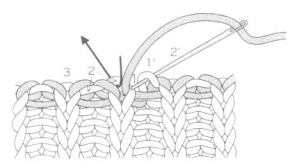

7
1'번 코(안뜨기)의 뒤쪽에서 넣고 2번 코(첫 번째 안뜨기 코)의 뒤쪽으로 뺍니다.

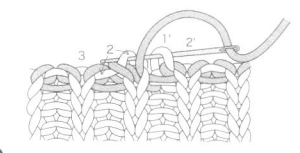

8
1'번과 2번 코에 돗바늘을 넣은 모습입니다. 1번과 2번에는 돗바늘을 3회 넣습니다.

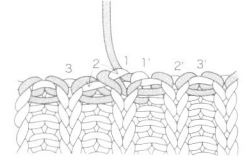

9
실을 당기면 완성입니다.

2코 고무뜨기 코막음

● 양쪽 끝이 겉뜨기 2코일 때

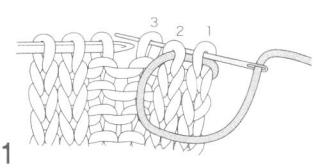

1
1번 코의 앞쪽에서 넣어 2번 코의 앞쪽으로 뺀 다음 1번 코의 앞쪽으로 돗바늘을 넣고 3번 코의 뒤쪽으로 뺍니다.

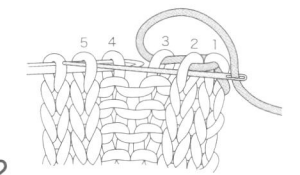

2
2번 코의 앞쪽에서 넣고 5번 코의 앞쪽으로 뺍니다(겉뜨기와 겉뜨기).

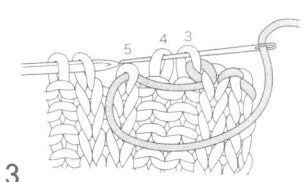

3
3번 코의 뒤쪽에서 넣고 4번 코의 뒤쪽으로 뺍니다(안뜨기와 안뜨기).

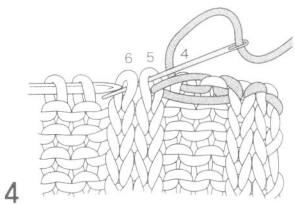

4
5번 코의 앞쪽에서 넣고 6번 코의 앞쪽으로 뺍니다(겉뜨기와 겉뜨기).

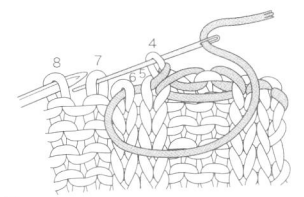

5
4번 코의 뒤쪽에서 넣고 7번 코의 뒤쪽으로 뺍니다(안뜨기와 안뜨기). 2·3·4·5를 반복합니다.

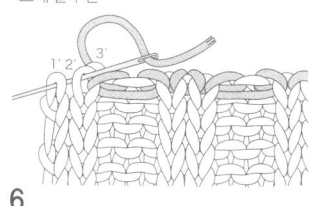

뜨개 끝부분

6
2'번 코의 앞쪽에서 넣고 1'번의 앞쪽으로 뺍니다.

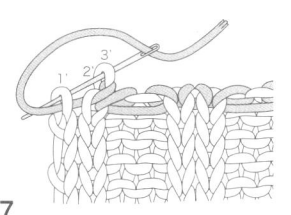

7
3'번 코의 뒤쪽에서 넣고 1'번 코의 앞쪽으로 뺍니다.

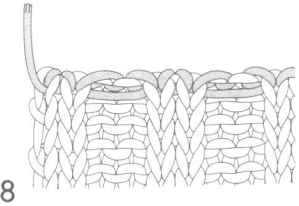

8
완성.

〈잇기·꿰매기〉

빼뜨기로 잇기

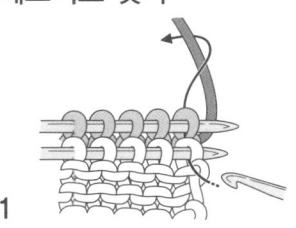 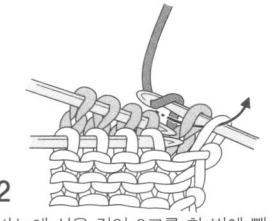 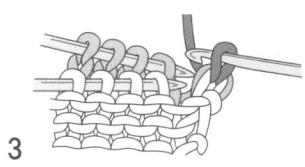 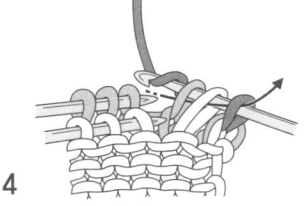

1 뜨개바탕 2장을 겉이 맞닿게 겹치고 앞쪽의 코와 뒤쪽의 코에 코바늘을 넣습니다.

2 바늘에 실을 걸어 2코를 한 번에 뺍니다.

3 빼뜨기한 모습.

4 다음 코도 앞쪽 코와 뒤쪽 코에 바늘을 넣고 바늘에 걸린 고리 3개를 한 번에 뺍니다. 4를 반복하고 마지막은 1코를 빼뜨기합니다.

덮어씌워 잇기

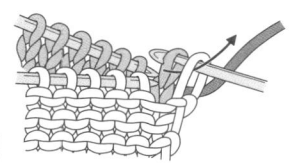 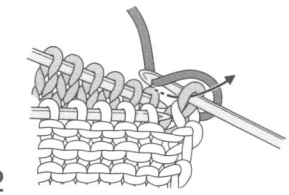 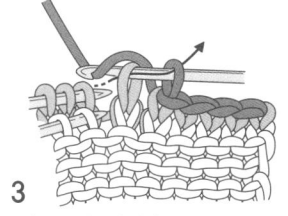 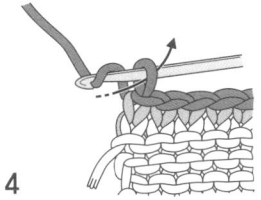

1 뜨개바탕 2장을 겉이 맞닿게 겹치고 앞쪽 코에 코바늘을 넣어 뒤쪽 코를 당겨서 뺍니다.

2 바늘에 실을 걸어 뺍니다.

3 1과 2를 반복합니다.

4 끝으로 남은 코에 실을 통과시킵니다.

메리야스 잇기

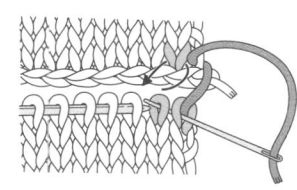 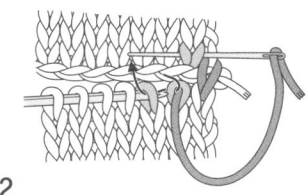 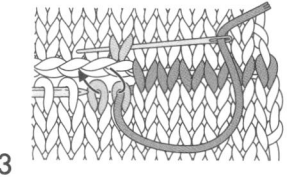 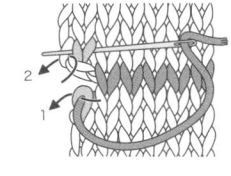

1 코로 남아 있는 쪽의 끝 코에 뒤쪽에서 돗바늘을 넣고 덮어씌워 코막음한 쪽의 끝의 반코를 바늘로 뜹니다. 코로 남아 있는 쪽의 2코와 코막음한 쪽의 코에 그림과 같이 돗바늘을 넣습니다.

2 계속해서 화살표와 같이 돗바늘을 넣습니다.

3 '코로 남아 있는 쪽은 앞에서 넣어 앞으로 빼고, 코막음한 쪽은 V자 2가닥 뜨기'를 반복합니다.

4 마지막은 화살표와 같이 앞쪽 코에 돗바늘을 넣고, 코막음한 쪽의 반코 바깥쪽으로 돗바늘을 넣어서 끝냅니다.

● 양쪽이 모두 코막음일 때

실 끝이 없는 앞쪽 뜨개바탕의 끝 코, 뒤쪽 뜨개바탕의 끝 코 순으로 뒤에서 돗바늘을 넣습니다. 화살표와 같이 앞쪽의 코에 돗바늘을 넣어 그림과 같이 이어 나갑니다.

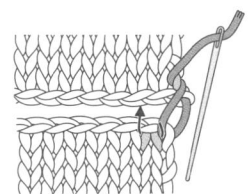 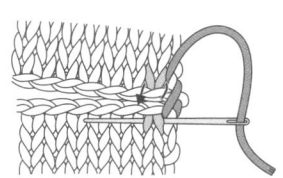 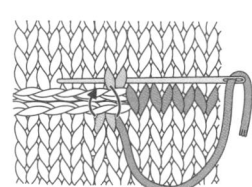

코와 단 잇기

한쪽은 코, 다른 한쪽은 단일 때의 잇는 방법입니다. 돗바늘로 단은 1단, 코는 2코를 뜹니다. 단이 더 많다면 2단을 떠서 조절합니다. 연결하는 실은 보이지 않을 때까지 당깁니다.

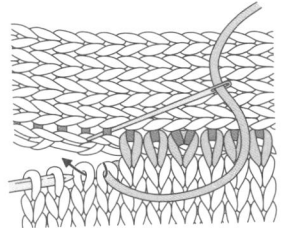 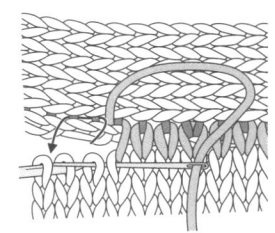 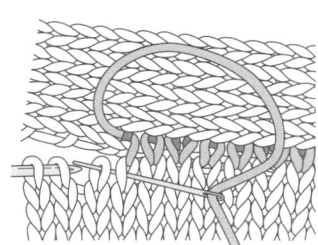

돗바늘로 떠서 잇기

● 직선

돗바늘로 앞쪽과 뒤쪽 뜨개바탕의 기초코를 뜹니다. 이어서 끝의 1코 안쪽의 싱커 루프를 1단씩 번갈아 떠서 실을 당깁니다. 연결하는 실은 보이지 않을 때까지 당깁니다.

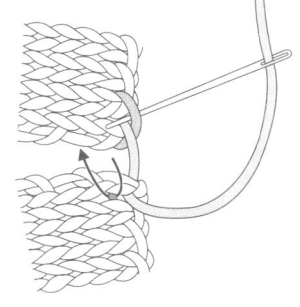 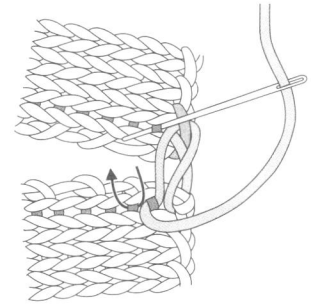 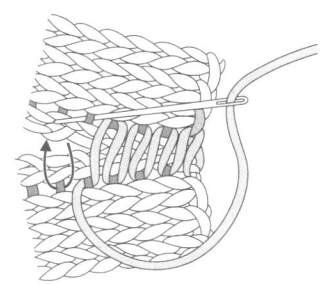

● 늘림코

늘림코의 크로스 부분 밑에서 돗바늘을 넣고 반대쪽 늘림코(돌려뜨기 코)의 크로스 부분에 밑에서부터 돗바늘을 넣습니다. 늘림코의 크로스 부분에 다시 한번 바늘을 넣고 다음 단의 끝 1코 안쪽의 싱커 루프를 함께 뜹니다.

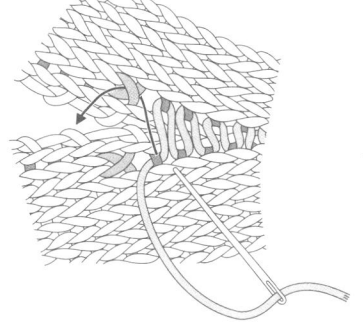 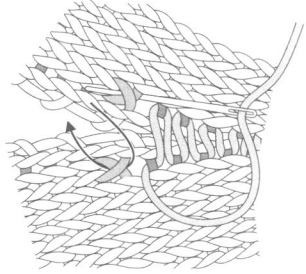 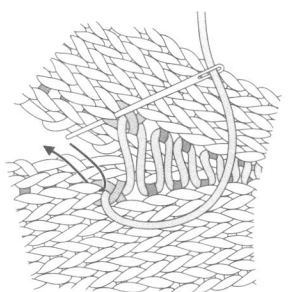

● 줄임코

줄임코 부분은 끝 1코 안쪽의 싱커 루프와 줄임코를 해서 겹쳐진 아래쪽 코의 중심에 돗바늘을 넣습니다. 그다음은 줄임코 부분과 다음 단의 끝 1코 안쪽의 싱커 루프를 함께 뜹니다.

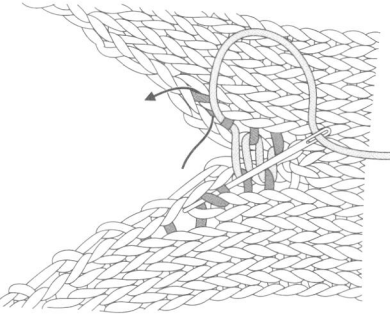 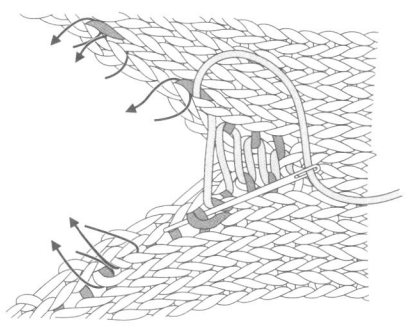

빼뜨기로 꿰매기

● 단 꿰매기

뜨개바탕을 겉이 맞닿게 겹치고 코바늘로 빼뜨기하면서 꿰맵니다.

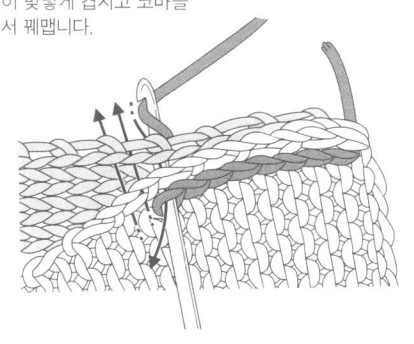

● 곡선 꿰매기

뜨개바탕을 겉이 맞닿게 겹치고 군데군데 시침핀으로 고정한 후 코바늘로 빼뜨기하면서 꿰맵니다.

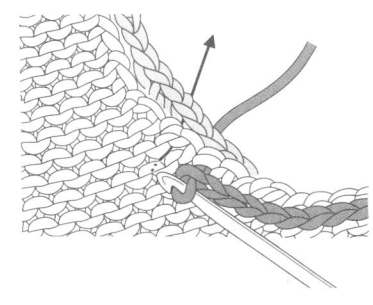

"M·L·LL SIZE DE AMERU MAINICHI KITAI MEN'S KNIT" (NV80654)
Copyright © NIHON VOGUE-SHA 2020
All rights reserved.
First published in Japan in 2020 by NIHON VOGUE Corp.
Photographer: Yukari Shirai
This Korean edition is published by arrangement with NIHON VOGUE Corp., Tokyo
in care of Tuttle-Mori Agency, Inc., Tokyo through Botong Agency, Seoul.

이 책의 한국어판 저작권은 Botong Agency를 통한 저작권자와의 독점 계약으로 한스미디어가 소유합니다.
저작권법에 의하여 한국 내에서 보호를 받는 저작물이므로 무단전재와 복제를 금합니다.

* 이 책에 게재된 작품을 복제하여 판매하는 것은 금지되어 있습니다.

매일 입고 싶은 남자 니트

1판 1쇄 발행   2021년 9월 15일
1판 3쇄 발행   2025년 11월 10일

지은이   일본보그사
옮긴이   강수현
펴낸이   김기옥

라이프스타일팀장 이나리
편집   장윤선, 김민주
마케터   이지수
지원   고광현, 김형식

디자인   푸른나무
인쇄   딘언프린텍

펴낸곳 한스미디어(한즈미디어(주))
주소 121-839 서울시 마포구 양화로 11길 13(서교동, 강원빌딩 5층)
전화 02-707-0337 | 팩스 02-707-0198 | 홈페이지 www.hansmedia.com
출판소 고번호 제 313-2003-227호 | 신고일자 2003년 6월 25일

ISBN 979-11-6007-734-6 13590

책값은 뒤표지에 있습니다.
잘못 만들어진 책은 구입하신 서점에서 교환해드립니다.